Recettes pour amoureux

Héloïse Martel

FIRST Editions

ISBN 978-2-7540-1066-5
Dépôt légal : 1er trimestre 2009
Imprimé en Italie
Conception couverture : Olivier Frenot
Mise en page : KN Conception

Éditions First-Gründ
60, rue Mazarine
75006 Paris – France
Tél. : 01 45 49 60 00
Fax : 01 45 49 60 01
e-mail : firstinfo@efirst.com
Site internet : www.editionsfirst.fr

Introduction

Vivre d'amour et d'eau fraîche, quelle belle image !

Oui, mais avec quelques bons petits plats, c'est encore mieux, font remarquer les gourmets. Et ils ont raison. Partager un repas avec l'être cher est un plaisir. Et si les mets sont à l'unisson de votre amour, c'est le bonheur.

Premier dîner en tête à tête, anniversaire de mariage, Saint-Valentin..., les occasions ne manquent pas de préparer un repas raffiné rien que pour vous deux.

Quels plats préparer ? Comment lui plaire à coup sûr ? Comment rester zen en veillant à ce que tout se passe bien ? Ce n'est pas si difficile. Il faut juste un peu d'organisation. Ce *Petit Livre* sera le discret compagnon de vos plus belles soirées.

Pour que l'instant soit inoubliable, mariez subtilement la vigueur des épices qui réveillent nos sens et la douceur des sucreries qui fondent dans la bouche, habillez votre table de bougies et de fleurs, créez l'ambiance avec une musique douce, un parfum discret mais tenace.

Quelques idées toutes simples pour décorer votre table :

- un drap blanc plié pour recouvrir la table jusqu'au sol, des pétales de rose ici et là pour une touche de couleur ;
- une grosse rose déposée dans un petit vase boule rempli d'eau sur une table basse ;
- deux petites bougies de couleur (modèle chauffe-plats) placées dans des verrines ou tout simplement des pots à crème caramel en verre ornées d'un petit ruban de couleur ;
- un ruban noué autour de la serviette, avec une rose passée dans le nœud ;
- un éclairage indirect tamisé.

Prévoyez votre menu en pensant à ce qu'il (elle) aime, bien sûr, mais aussi à la facilité du service. Ayez sous la main les assiettes et les couverts de rechange. N'oubliez pas les boissons : du champagne si vous le souhaitez, un vin en harmonie avec les plats et de l'eau fraîche.

On prête des vertus aphrodisiaques à bien des aliments, par leur composition, ou par leur forme évocatrice : les fruits de mer, les asperges, le poireau, le céleri, les épices, les bananes, le chocolat… À vous de vérifier ! Mais c'est avant tout votre charme et le choix judicieux des plats et de l'ambiance qui vous emmèneront tous deux au septième ciel.

Surprenez-le (la) avec, par exemple, une petite tartine au beurre d'amandes, une salade de pomme bacon, un mille-feuilles de chéries au saumon ou encore un délice d'agneau à l'orientale et des bananes en robe, sans oublier, au petit-déjeuner, des chaussons pommes noisettes. Il (elle) est tendance ? Offrez-lui un tartare thaï juste saisi. Il (elle) est attaché à la cuisine de Grand-Maman ? Étonnez-le (la) avec un lapin olives et lardons. Il (elle) adore voyager ? Emmenez-le (la) en Espagne avec des patatas bravas. Il (elle) n'aime que les pâtes ? OK pour des tagliatelles au thon et aux pleurotes.

Voici dans ce *Petit Livre* 120 recettes amoureusement sélectionnées, simples ou élaborées, pour tous les budgets et tous les goûts.

MISE EN BOUCHE

BILLES DE CHÈVRE AUX OLIVES

2 pers. **Préparation : 15 min**

100 g de chèvre frais • 40 g d'olives vertes • 40 g d'olives noires • 1 cuil. à café de poivres mélangés • 1 cuil. à soupe d'huile d'olive

Réalisation

Prélevez des petites billes dans le fromage, déposez-les sur une assiette, réservez au frais. Hachez finement les olives, mélangez-les avec les poivres et l'huile d'olive, mettez le hachis dans une assiette creuse. Roulez les billes de chèvre dans les olives, mettez-les sur un ravier. Gardez au frais jusqu'au moment de servir.

BILLES DE MOZZARELLA ET TOMATES CERISE AU THYM

2 pers. **Préparation : 5 min Marinade : 3 h**

6 petites billes de mozzarella (en sachet) • 6 petites tomates cerise • 1 cuil. à soupe de thym effeuillé • ½ citron non traité • sel, poivre

Réalisation

Râpez le zeste du demi-citron, mélangez-le avec le thym, du sel et du poivre. Placez les billes de mozzarella dans ce mélange, enrobez-les et laissez mariner au frais pendant 3 heures. Piquez sur des cure-dents une tomate et une bille de mozzarella, disposez-les dans des petites verrines. Servez bien frais.

HOUMMOUS AUX PIGNONS, MOUILLETTES DE CRUDITÉS

2 pers. **Préparation : 5 min**

½ boîte de pois chiches • 1 citron • 3 cuil. à soupe d'huile d'olive • 1 cuil. à soupe de purée de sésame • 2 cuil. à soupe de pignons • 2 carottes • 6 radis roses • sel, poivre

Réalisation

Égouttez les pois chiches, mettez-les dans une casserole, recouvrez-les d'eau et faites-les cuire pendant 15 minutes. Égouttez-les et mixez-les avec un peu de sel et de poivre. Laissez refroidir. Pendant ce temps, pelez les carottes, coupez-les en longs bâtonnets. Épluchez les radis, coupez-les en deux dans leur hauteur.

Mélangez la purée de pois chiches avec le jus de citron, l'huile d'olive et la purée de sésame. Faites griller les pignons à sec dans une poêle. Répartissez le hoummous dans deux verrines, décorez de pignons et plantez des bâtonnets de carotte et de radis. Servez frais.

PURÉE D'AVOCAT AUX CREVETTES

2 pers. **Préparation : 5 min**

1 petit avocat mûr • ½ tomate • ½ citron • 2 cuil. à soupe de crème • 4 crevettes roses cuites • sel, poivre, Tabasco

Réalisation

Décortiquez les crevettes. Pelez et épépinez la demi-tomate, coupez la pulpe en dés. Pressez le demi-citron. Mixez l'avocat avec le jus de citron, la crème, du sel, du poivre et quelques gouttes de Tabasco. Remplissez deux verrines de purée d'avocat, décorez de dés de tomate, plantez deux crevettes dans chacune. Servez sans attendre.

TARTARE DE SAUMON ANETH ET BAIES ROSES

2 pers. **Préparation : 10 min**

100 g de saumon frais • 4 branches d'aneth • 1 citron • 1 cuil. à soupe d'huile d'arachide • 1 cuil. à soupe de baies roses • 1 grande tranche de pain de mie complet • fleur de sel, poivre du moulin

Réalisation

Lavez, séchez et ciselez l'aneth. Pressez le citron, versez le jus dans un bol, ajoutez l'huile et l'aneth ciselé. Hachez très finement le saumon au couteau, mettez-le dans le bol, ajoutez les baies roses, mélangez bien, assaisonnez de fleur de sel et de poivre. Répartissez dans deux verrines. Toastez la tranche de pain, coupez-la en quatre dans sa longueur, plantez les mouillettes dans les verrines.

TARTINES AU BEURRE D'AMANDES

2 pers. **Préparation : 10 min Cuisson : 30 s**

¼ de baguette • 50 g d'amandes effilées • 50 g de parmesan • 10 feuilles de basilic • 2 cuil. à soupe d'huile d'olive • sel, poivre

Réalisation

Mixez grossièrement les amandes avec le parmesan, l'huile, le basilic, un peu de sel et de poivre. Coupez la baguette en tranches fines, tartinez-les avec cette préparation. Déposez les tartines sur la plaque du four, faites griller pendant quelques secondes. Servez tiède.

TÊTE DE MOINE À LA BRESAOLA

2 pers. **Préparation : 5 min**

4 à 6 fleurs de tête de moine préparées par le fromager • 4 à 6 tranches fines de bresaola

Réalisation

Étalez les tranches de bresaola à plat sur le plan de travail. Couchez une fleur de tête de moine sur une tranche, repliez la tranche sur la fleur pour l'envelopper et maintenez avec une pique en bois. Procédez de même avec le reste des ingrédients. Déposez sur un joli ravier et gardez au frais jusqu'au moment de servir.

ENTRÉES

ASPERGES SAUCE À L'ESTRAGON

2 pers. Préparation : 10 min Cuisson : 13 min

10 asperges vertes • 2 jaunes d'œufs • 1 branche d'estragon • 40 g de beurre • 30 g de crème liquide • sel, poivre

Réalisation

Pelez les asperges, coupez les tiges dures. Faites-les cuire à l'eau bouillante salée jusqu'à ce qu'elles soient cuites en restant fermes. Comptez environ 10 minutes et surveillez la cuisson en piquant les tiges avec la pointe d'un couteau. Égouttez-les sur un torchon et réservez.

Hachez l'estragon. Versez les jaunes d'œufs dans un grand bol et fouettez-les. Faites fondre le beurre dans une casserole, incorporez-le aux jaunes d'œufs sans cesser de battre, puis ajoutez la crème et l'estragon. Salez, poivrez. Répartissez les asperges dans deux coupelles, arrosez-les de sauce. Servez tiède.

ASSIETTES ITALIENNES

2 pers. **Préparation : 10 min** **Cuisson : 5 min**

100 g de mozzarella • 4 tomates cerise • 50 g de tapenade noire • 30 g de parmesan • 2 tranches de jambon de Parme • 40 g de roquette • 8 feuilles de basilic • 6 cuil. à soupe d'huile d'olive • fleur de sel, poivre du moulin

Réalisation

Lavez et essorez la roquette, disposez-la sur deux assiettes. Pliez les tranches de jambon, mettez-les sur les assiettes à côté de la roquette. Coupez la mozzarella en lamelles, disposez-les sur les assiettes. Placez à côté un peu de tapenade. Faites chauffer quatre cuillerées à soupe d'huile dans une poêle profonde, faites frire les feuilles de basilic pendant 5 secondes et les tomates cerise pendant 15 secondes.

Égouttez-les sur du papier absorbant, puis disposez-les sur les assiettes. Arrosez la roquette d'un filet d'huile, parsemez de fleur de sel et de poivre du moulin. Prélevez des copeaux dans la parmesan avec un couteau économe, disposez-les sur les assiettes.

Coup de cœur pour ces assiettes à servir en entrée ou en plat, selon votre appétit.

BLINIS AU HADDOCK MARINÉ, SAUCE AUX OLIVES

2 pers. **Préparation : 20 min Cuisson : 20 min**

200 g de pommes de terre • 1 cuil. à soupe de farine • 1 œuf • 3 cl de lait • 3 cl de crème liquide • 2 cuil. à soupe d'huile d'arachide • 20 g de beurre • 6 brins de persil plat • 3 cuil. à soupe d'olives noires • 1 cuil. à soupe d'huile d'olive • 150 g de haddock • 1 citron • sel, poivre

Réalisation

Pressez le citron. Détaillez le haddock en lamelles très fines, déposez-les dans un plat, arrosez-les de jus de citron. Laissez mariner au réfrigérateur. Hachez les olives au couteau, mettez-les dans un bol, ajoutez le persil finement ciselé et l'huile. Réservez.
Pelez les pommes de terre et coupez-les en morceaux. Faites-les cuire pendant 20 minutes à l'eau bouillante salée. Égouttez-les à fond, passez-les au presse-purée, ajoutez la farine, l'œuf entier, le lait et la crème. Mélangez bien pour obtenir une pâte onctueuse. Salez si nécessaire, poivrez.

Faites chauffer le beurre et l'huile d'arachide dans une poêle à blinis, versez une cuillerée à soupe de pâte, aplatissez-la et faites cuire pendant 2 minutes de chaque côté. Faites cuire les autres blinis de la même façon. Réservez-les au chaud, en attendant de préparer les assiettes, enveloppés dans un papier d'aluminium. Au moment du repas, déposez les blinis sur deux assiettes, déposez dessus des lamelles de haddock, servez avec la sauce.

Coup de cœur pour cette jolie entrée, à réaliser aussi en remplaçant le haddock par du saumon fumé.

CABÉCOUS PANÉS AU SÉSAME, SALADE AUX HERBES

2 pers. **Préparation : 10 min** **Cuisson : 5 min**

2 cabécous • 50 g de graines de sésame • 1 œuf • 30 g de farine • 4 branches de persil plat • 1 botte de ciboulette • 1 carotte • 1 fenouil • 1 citron • 4 cuil. à soupe d'huile d'olive • sel, poivre

Réalisation

Effeuillez le persil. Pelez la carotte, râpez-la avec le fenouil. Ciselez la ciboulette. Pressez le citron,

mélangez le jus avec l'huile, salez et poivrez. Mettez les herbes et le râpé de légumes dans deux assiettes. Réservez.
Battez l'œuf dans une assiette creuse, versez la farine dans une deuxième assiette et les graines de sésame dans une troisième. Trempez les cabécous successivement dans l'œuf battu, la farine et les graines de sésame. Faites chauffer l'huile dans une poêle, faites frire les cabécous, retournez-les dès que la première face est dorée. Arrosez la salade de sauce et déposez un cabécou sur chaque assiette.

CŒURS D'ARTICHAUT AUX ÉPICES

2 pers. **Préparation : 10 min Cuisson : 25 min**

200 g de cœurs d'artichauts surgelés • 1 oignon • 1 cuil. à café de ras el hanout • 1 citron • 1 cuil. à soupe de miel • 1 cuil à soupe d'huile d'olive • sel, poivre

Réalisation

Épluchez et hachez l'oignon. Pressez le citron. Faites chauffer l'huile dans une cocotte, faites revenir l'oignon, ajoutez les cœurs d'artichaut, saupoudrez de ras el hanout, salez, poivrez, arrosez de jus de citron et de miel, versez 10 cl d'eau. Mélangez, couvrez et laissez cuire pendant 20 minutes à feu très doux. Laissez refroidir avant de déguster.

CŒURS AUX PIGNONS, PAVOT ET JAMBON SERRANO

2 pers. **Préparation : 15 min Cuisson : 30 min**

4 fines tranches de jambon serrano • 2 œufs • 1 yaourt de brebis • 2 cuil. à soupe d'huile d'olive • 80 g de farine • ½ sachet de levure chimique • 2 cuil. à soupe de graines de pavot bleu • 50 g de pignons • ½ cuil. à café d'épices mélangées, en poudre : noix de muscade, cannelle, clou de girofle • 20 g de beurre • sel, poivre du moulin

Réalisation

Préchauffez le four à 180 °C (th. 6). Beurrez quatre moules individuels en forme de cœur, parsemez le fond de graines de pavot. Fouettez les œufs entiers avec un peu de sel, de poivre jusqu'à ce que le mélange double de volume, puis incorporez le yaourt et l'huile, la farine et la levure, les épices mélangées et la moitié des pignons.
Mélangez bien pour obtenir une pâte homogène et versez dans les moules, recouvrez de pignons. Enfournez et laissez cuire pendant 30 minutes.

Laissez tiédir, démoulez. Déposez sur deux assiettes deux tranches de jambon serrano et deux cœurs.

COMPOTÉE DE LAPIN AUX OIGNONS ET CITRONS CONFITS

2 pers. **Préparation : 15 min Cuisson : 1 h**

2 cuisses de lapin • 1 gros oignon • ½ citron confit • 20 g de beurre • 1 cuil. à café de cassonade • 1 bouquet garni • 1 cuil. à café de fond de veau • 1 cuil. à soupe d'huile d'olive • sel, poivre

Réalisation

Faites chauffer l'huile dans une cocotte, faites dorer les cuisses de lapin en les retournant, puis saupoudrez de fond de veau, arrisez de 50 cl d'eau, ajoutez le bouquet garni, couvrez et laissez cuire pendant 1 heure.

Pendant ce temps, pelez l'oignon et coupez-le en rondelles. Faites fondre le beurre dans une casserole, mettez les rondelles d'oignon, salez, poivrez et faites fondre doucement. Dès que les oignons sont transparents, saupoudrez-les de cassonade, mélangez, et laissez caraméliser pendant 15 à 20 minutes.

Quand le lapin est cuit, égouttez-le, désossez-le,

effilochez la chair, mélangez-la aux oignons et répartissez dans deux cassolettes ou deux petites terrines individuelles. Placez au frais jusqu'au moment de servir. Coupez le citron confit en tout petits dés, mettez-le dans une coupelle.

Coup de cœur pour cette entrée à cuisiner à l'avance, et à servir avec du pain de campagne grillé. Vous pouvez remplacer le citron confit par des tomates confites.

CRÈME DE LENTILLES À L'INDIENNE

2 pers. **Préparation : 10 min Cuisson : 40 min**

250 g de lentilles vertes • 200 g de carottes • 1 oignon • 1 gousse d'ail • 2 clous de girofle • 1 bouquet garni • 50 cl de bouillon de volaille • 2 cuil. à soupe de crème fraîche • ½ cuil. à café de curry en poudre • 4 branches de coriandre • sel, poivre, piment

Réalisation

Épluchez l'oignon, piquez-le de clous de girofle. Pelez l'ail et les carottes, coupez-les en rondelles. Versez le bouillon de volaille dans une grande casserole. Ajoutez les lentilles, les carottes, l'oignon,

l'ail et le bouquet garni. Portez à ébullition et laissez cuire pendant 40 minutes.
Mixez finement, ajoutez la crème, le curry, un peu de sel, de poivre et de piment. Versez dans deux bols à potage, parsemez de feuilles de coriandre ciselée.

CREVETTES THAÏES

2 pers. **Préparation : 15 min Cuisson : 10 min**

10 grosses crevettes crues • 1 orange • 2 cl de vin blanc • 30 g de beurre • 2 cm de gingembre • 1 oignon • 1 gousse d'ail • 1 petit piment rouge • 2 cuil. à soupe d'huile • ½ cuil. à café de curcuma • ½ cuil. à café de curry • ½ citron vert non traité • ½ bouquet de coriandre • sel

Réalisation

Décortiquez à cru les crevettes, réservez-les au frais. Prélevez le zeste du demi-citron vert et râpez-le. Épluchez l'ail et l'oignon, pelez le gingembre, pressez l'orange, effeuillez la coriandre. Épépinez le piment, coupez-le en petits morceaux. Mixez ces ingrédients avec le curry, le curcuma, un peu de sel, le vin blanc et l'huile pour obtenir une pâte.
Versez la pâte dans une casserole, portez à ébulli-

tion et ajoutez le beurre fractionné en mélangeant bien. Réservez au chaud. Faites cuire les crevettes à la vapeur pendant 5 minutes, disposez-les sur les assiettes et nappez de sauce au curry.

ÉMINCÉ DE FENOUIL AU HADDOCK

2 pers. **Préparation : 15 min** **Marinade : 1 h**

1 bulbe de fenouil • 8 radis roses • 200 g de filet de haddock • 1 citron • 4 cuil. à soupe d'huile d'olive • 2 branches d'aneth • 1 cuil. à café de graines de fenouil concassées • sel, poivre

Réalisation

Découpez le haddock en fines lamelles. Émincez le fenouil. Épluchez et lavez les radis, coupez-les en rondelles. Placez ces ingrédients dans une jatte, salez, poivrez. Pressez le citron, versez le jus dans la jatte, ajoutez l'huile d'olive, les graines de fenouil et l'aneth ciselé, mélangez et laissez mariner au frais pendant 1 heure.

Répartissez sur deux assiettes et servez bien frais.

FIGUES AUX JAMBON ET ROQUEFORT

2 pers. **Préparation : 5 min Cuisson : 15 min**

4 figues fraîches • 4 tranches fines de jambon de Parme • 50 g de roquefort • 4 brins de ciboulette • poivre du moulin

Réalisation

Préchauffez le four à 210 °C (th. 7). Incisez les figues en croix dans leur partie supérieure. Introduisez à l'intérieur de chaque fruit un peu de roquefort, poivrez. Enveloppez chaque figue garnie dans une tranche de jambon, refermez-la avec un brin de ciboulette.

Déposez les figues enveloppées dans un plat à four, faites cuire pendant 10 minutes. Laissez tiédir.

GAZPACHO TOMATES CŒUR DE BŒUF CONCOMBRE

2 pers. **Préparation : 15 min**

2 tomates cœur de bœuf • 1 concombre • 1 gousse d'ail • 100 g de fromage blanc • 1 cuil. à café de cumin • ½ citron • 1 cuil. à café de vinaigre balsamique • 5 feuilles de basilic • 5 feuilles de menthe • 1 branche de coriandre • 2 biscottes • 2 cuil. à soupe d'huile d'olive • sel, poivre

Réalisation

Pressez le demi-citron. Pelez et épépinez le concombre, mixez-le avec le fromage blanc, du sel, du poivre, le jus de citron, les feuilles de menthe et de coriandre, le cumin et une cuillerée d'huile d'olive. Versez dans deux grands verres. Pelez et épépinez les tomates, pelez et écrasez l'ail, mixez-les avec les biscottes, les feuilles de basilic, le vinaigre balsamique et le reste d'huile. Versez dans les verres. Mettez au frais. Servez sans mélanger.

MANGUE AU CITRON VERT, AU PAPRIKA ET AU PIMENT

2 pers. **Préparation : 5 min**

1 mangue • 1 petit piment oiseau • 1 citron vert • 2 pincées de sel • 3 pincées de sucre • 3 pincées de paprika

Réalisation

Pelez la mangue et coupez-la en cubes. Pressez le citron vert. Mélangez dans un bol le jus de citron vert, le sucre, le sel, le paprika et le piment émietté. Répartissez les cubes de mangue dans deux coupes, arrosez avec le jus de citron aromatisé. Servez très frais.

MILLE-FEUILLES DE CHÉRIES AU SAUMON

2 pers. **Préparation : 15 min Cuisson : 20 min**

2 tranches de saumon fumé • 400 g de pommes de terre type « chéries » • 12 cl de crème épaisse • ½ citron • 4 branches d'aneth • 30 g d'œufs de truite • sel, poivre

Réalisation

Faites cuire les pommes de terre à l'eau bouillante

pendant 20 minutes, laissez-les refroidir un peu, puis pelez-les et coupez-les en tranches régulières. Découpez les tranches de saumon de la taille des rondelles de pomme de terre.
Déposez sur deux assiettes en les empilant et en les intercalant saumon et pommes de terre. Pressez le demi-citron, mélangez-le à la crème, salez, poivrez. Versez la crème autour des mille-feuilles. Parsemez d'œufs de truite et de brins d'aneth. Servez à température ambiante.

MILLE-FEUILLES DE FOIE GRAS ET D'ARTICHAUTS

2 pers. **Préparation : 15 min Cuisson : 10 min**

150 g de foie gras • 4 fonds d'artichaut surgelés • 1 cuil. à soupe de vinaigre de vin • 1 cuil. à soupe d'huile de noix • 1 cuil. à soupe d'huile d'arachide • fleur de sel, poivre du moulin

Réalisation

Faites cuire les fonds d'artichaut pendant 10 minutes à l'eau bouillante salée, égouttez-les et laissez-les refroidir. Mélangez dans un bol le vinaigre et les deux huiles. Coupez les fonds d'artichaut en

tranches. Détaillez le foie gras en tranches également.
Déposez dans les assiettes en les intercalant les tranches de fond d'artichaut et de foie gras, arrosez de sauce et saupoudrez de fleur de sel et donnez un tour de moulin à poivre.

ŒUFS À LA CRÈME DE CHAMPIGNONS SAUVAGES

2 pers. **Prép. : 15 min Réhydratation : 1 h Cuis. : 15 min**

2 œufs • 20 g de champignons sauvages séchés • 10 cl de crème liquide • ½ cube de bouillon de volaille • poivre

Réalisation

Reconstituez le bouillon dans une casserole en faisant dissoudre le demi-cube de bouillon dans 30 cl d'eau bouillante. Placez les champignons séchés dans le bouillon, laissez-les pendant 1 heure.
Ajoutez la crème, portez à ébullition, laissez réduire pendant 5 minutes, mixez l'ensemble avec un peu de poivre. Préchauffez le four à 240 °C (th. 8). Versez un peu de crème aux champignons dans deux ramequins, cassez un œuf dessus, recouvrez de crème aux champignons. Mettez au bain-marie et faites cuire

pendant 8 minutes. Servez avec des mouillettes de pain grillé.

ŒUFS COCOTTE AU CÉLERI

2 pers. **Préparation : 10 min Cuisson : 8 min**

2 œufs extra frais • 2 cuil. à soupe de crème • 4 branches de céleri • 2 pincées de sel de céleri • 20 g de beurre • poivre du moulin

Réalisation

Préchauffez le four à 180 °C (th. 6). Lavez et essuyez les branches de céleri, coupez-les, réservez deux tiges avec des feuilles, hachez le reste. Mélangez le hachis avec la crème. Beurrez deux ramequins, garnissez-les de hachis de céleri, cassez un œuf dessus. Faites cuire au bain-marie pendant 5 à 7 minutes. Le blanc doit être pris et le jaune, être liquide. Déposez une tige de céleri sur chaque ramequin, saupoudrez de sel de céleri et de poivre. Servez immédiatement.

ŒUFS MOLLETS, SALADE D'ÉPINARDS FRAIS

2 pers. **Préparation : 10 min Cuisson : 7 min**

2 œufs extra frais • 80 g de pousses d'épinard • 20 g de beurre • 1 cuil. à soupe de vinaigre balsamique • sel, poivre

Réalisation

Plongez les œufs dans de l'eau bouillante salée, laissez-les cuire pendant 5 minutes, retirez-les délicatement. Rafraîchissez-les, écalez-les. Lavez et essorez les épinards, répartissez-les sur deux assiettes, placez les œufs au milieu.

Faites fondre le beurre dans une casserole, ajoutez le vinaigre, salez, poivrez et arrêtez la cuisson. Coupez les œufs en deux afin que le jaune s'écoule un peu sur la salade, et arrosez de beurre au vinaigre. Servez immédiatement.

TERRINES DE CRABE AU CURRY

2 pers. **Préparation : 15 min Cuisson : 30 min**

100 g de chair de crabe • 10 cl de lait de coco • 2 œufs • 1 cuil. à café de curry rouge • 1 cuil. à soupe d'huile • 1 gousse d'ail • 1 citron non traité • 20 g de beurre • 4 branches de coriandre • sel

Réalisation

Préchauffez le four à 180 °C (th. 6). Beurrez deux moules individuels. Pelez et hachez l'ail. Râpez le zeste du citron. Délayez le curry rouge dans l'huile. Versez le lait de coco dans un saladier, ajoutez le curry, l'ail, le zeste de citron, les œufs battus et un peu de sel. Mélangez bien et mixez avec la chair de crabe. Versez dans les moules et enfournez. Laissez cuire au bain-marie pendant 30 minutes. Décorez le dessus de feuilles de coriandre. Servez chaud, tiède ou froid.

PETITS GRATINS D'ASPERGES AU PARMESAN

2 pers. **Préparation : 10 min Cuisson : 35 min**

250 g d'asperges blanches • 125 g d'asperges vertes • 12 cl de crème liquide • 20 g de parmesan râpé • ½ citron • sel, poivre, noix de muscade râpée

Réalisation

Pelez les asperges, coupez-en le bout fibreux des tiges et faites-les cuire pendant 15 minutes à l'eau bouillante salée. Égouttez-les sur un linge. Fouettez la crème avec du sel, du poivre et un peu de noix de muscade jusqu'à ce qu'elle mousse. Pressez le demi-citron, incorporez le jus à la crème.

Préchauffez le four à 150 °C (th. 5). Coupez les asperges en tronçons, répartissez-les dans deux plats à gratin individuels. Recouvrez-les de crème et saupoudrez de parmesan. Laissez cuire pendant 20 minutes. Servez chaud ou tiède.

RÂPÉ DE POMMES DE TERRE, SAUMON FUMÉ, CHANTILLY AU RAIFORT

2 pers. **Préparation : 15 min Cuisson : 20 min**

400 g de pommes de terre • 2 tranches de saumon fumé • 1 oignon moyen • 50 g de beurre • 20 cl de crème liquide • 1 cuil. à café de raifort • sel, poivre

Réalisation

Placez la crème à l'avance au réfrigérateur. Pelez, lavez et essuyez les pommes de terre, râpez-les. Pelez et émincez finement l'oignon. Mélangez oignon et pommes de terre râpées dans un saladier, salez, poivrez. Faites chauffer le beurre dans une poêle à revêtement antiadhésif, séparez le râpé de pommes de terre en deux parties, aplatissez-les pour former des galettes, faites-les dorer dans la poêle, retournez-les dès que la première face est dorée. Poursuivez la cuisson pendant 15 minutes.

Pendant ce temps, fouettez la crème en chantilly en ajoutant le raifort. Disposez sur deux assiettes une galette de pommes de terre, une tranche de saumon et placez à côté des quenelles de chantilly.

Coup de cœur pour cette recette à servir en entrée ou en plat, à préparer avec de la truite fumée, ou encore du haddock mariné dans du citron vert.

SALADE DE CREVETTES À L'ANANAS

2 pers. **Préparation : 15 min**

250 g de crevettes roses décortiquées • 1 petit ananas Victoria • 2 cm de gingembre • 4 cuil. à soupe de citron vert • 2 cuil. à soupe de nuoc-mâm • 2 cuil. à soupe de miel • ½ bouquet de coriandre

Réalisation

Épluchez l'ananas, coupez la chair en petits dés. Pelez et râpez le gingembre, mettez-le dans un bol, ajoutez le miel, le jus de citron, le nuoc-mâm et mélangez.

Disposez dans deux coupes les dés d'ananas et les crevettes, arrosez-les de sauce et parsemez-les de coriandre ciselée. Servez bien frais.

Coup de cœur : cette recette se confectionne à l'avance, ce qui vous permet d'être disponible.

SALADE DE FIGUES À LA MOZZARELLA

2 pers. **Préparation : 10 min Marinade : 2 h**

4 figues violettes • 1 boule de mozzarella • 6 feuilles de menthe • ½ citron • 2 cuil. à soupe d'huile d'olive • fleur de sel, poivre concassé

Réalisation

Pressez le demi-citron, versez le jus dans un bol, ajoutez l'huile en fouettant, ainsi que la fleur de sel et un peu de poivre concassé. Coupez la mozzarella en tranches, disposez-les sur un plat, arrosez de sauce et laissez mariner au frais pendant 2 heures. Lavez et essuyez délicatement les figues, coupez-les en tranches. Disposez-les sur deux assiettes en intercalant des tranches de mozzarella. Arrosez avec la marinade, parsemez de feuilles de menthe ciselées et réservez au frais en attendant de servir.

Coup de cœur pour cette entrée à composer un peu à l'avance.

SALADE DE LOTTE À L'ORANGE

2 pers. Préparation : 30 min Cuisson : 10 min

300 g de queue de lotte • 1 orange non traitée • 2 cm de gingembre • quelques feuilles de scarole • 1 cuil. à soupe de vinaigre de framboise • 3 cuil. à soupe d'huile de noisettes • 1 bouquet garni en sachet mousseline • sel, poivre

Réalisation

Placez la lotte dans une casserole, recouvrez-la d'eau, salez, poivrez et ajoutez le sachet de bouquet garni. Portez à ébullition et laissez cuire pendant 10 minutes à petits bouillons. Laissez refroidir la lotte dans le bouillon.

Lavez et essorez la scarole, coupez les feuilles en grosses lanières. Pelez et râpez le gingembre, mettez-le dans un bol. Prélevez le zeste de la moitié de l'orange, râpez-le, ajoutez-le au gingembre. Pressez le fruit. Mélangez le vinaigre de framboise, l'huile de noisettes, un peu de sel et de poivre, versez sur les zestes râpés.

Égouttez la lotte et coupez-la en dés. Répartissez sur deux assiettes les lanières de salade et les dés de poisson, arrosez de sauce à l'orange et au gingembre. Servez à température ambiante.

Coup de cœur pour l'alliance du gingembre et de l'orange.

SALADE DE MESCLUN, POIRES, NOIX, PARMESAN

2 pers. **Préparation : 15 min**

80 g de mesclun • 1 poire • 50 g de parmesan • 6 cerneaux de noix • 1 cuil. à café de vinaigre balsamique • 2 cuil. à soupe d'huile d'olive • 1 cuil. à soupe de vinaigre de vin vieux • ½ citron • sel, poivre

Réalisation

Lavez et essorez le mesclun, répartissez-le sur deux assiettes. Mélangez dans un bol les deux vinaigres, l'huile et un peu de sel et de poivre. Pressez le demi-citron. Pelez la poire, coupez-la en lamelles et citronnez-les.

Concassez grossièrement les noix, répartissez-les sur la salade, ajoutez les lamelles de poire, arrosez de sauce. Prélevez des copeaux dans le morceau de parmesan avec un couteau économe, déposez-les sur les assiettes.

SALADE DE ROQUETTE, BRESAOLA ET PARMESAN

2 pers. **Préparation : 15 min**

80 g de roquette • 10 tranches de bresaola • 2 cuil. à soupe de pignons • 1 cuil. à soupe de tomates confites • 3 cuil. à soupe d'huile d'olive • 1 citron vert • sel, poivre

Réalisation

Lavez et essorez la roquette. Pressez le citron vert, mélangez le jus avec l'huile d'olive, du sel et du poivre. Coupez les tomates confites en petits dés. Répartissez la roquette et les dés de tomate confite sur deux assiettes, arrosez de sauce. Disposez dessus les tranches de bresaola. Faites griller les pignons à sec dans une poêle, parsemez-en les assiettes.

SALADE POMME BACON

2 pers. **Préparation : 10 min Cuisson : 2 min**

4 feuilles de scarole • 1 grosse pomme • ½ citron • 4 fines tranches de bacon • 1 cuil. à café de vinaigre de cidre • 2 cuil. à soupe de fromage blanc • sel, poivre

Réalisation

Lavez et essorez les feuilles de salade, coupez-les en grosses lanières et déposez-les sur deux assiettes. Mélangez dans un bol le vinaigre de cidre avec le fromage blanc, un peu de sel et de poivre. Coupez les tranches de bacon en lanières, faites-les griller pendant 2 minutes à sec dans une poêle à revêtement antiadhésif. Pressez le demi-citron. Épluchez la pomme, coupez-la en dés, citronnez-les immédiatement pour qu'ils ne noircissent pas. Répartissez les dés de pomme et les lanières de bacon sur la salade, nappez de sauce.

SOUPE COCO PIMENT TOMATES À LA CITRONNELLE

2 pers. **Préparation : 10 min Cuisson : 35 min**

250 g de tomates au naturel • 2 oignons • 2 gousses d'ail • 3 cm de gingembre • 2 bulbes de citronnelle • 1 cuil. à café de sucre • 50 cl de bouillon de volaille • 3 cuil. à soupe de lait de coco • 1 cuil. à soupe d'huile de tournesol • ½ piment oiseau • 4 branches de coriandre • sel, poivre

Réalisation

Pelez l'ail et l'oignon ainsi que le gingembre, hachez-

les avec les bulbes de citronnelle et le demi-piment oiseau.
Faites chauffer l'huile dans une cocotte, faites revenir le hachis pendant 1 minute, puis ajoutez les tomates avec leur jus, le sucre et le bouillon, salez, poivrez. Portez à ébullition et faites cuire à feu doux pendant 30 minutes.
Ajoutez le lait de coco, mélangez, versez dans deux bols à potage et parsemez de feuilles de coriandre ciselées. Servez bien chaud.

Coup de cœur pour cette soupe très revigorante.

TARTELETTES AU PARMESAN, SALADE DE ROQUETTE

2 pers. **Préparation : 10 min Cuisson : 25 min**

1 rouleau de pâte brisée • 2 œufs • 100 g de parmesan • sel, poivre. **Salade** : 60 g de roquette • 1 cuil. à café de vinaigre balsamique • 2 cuil. à soupe d'huile d'olive • 2 tomates confites

Réalisation

Préchauffez le four à 210 °C (th. 7). Beurrez deux moules à tartelettes. Découpez dans la pâte deux ronds, garnissez-en les moules. Recouvrez-les de

papier sulfurisé et de billes de cuisson, enfournez et laissez cuire pendant 10 minutes.
Pendant ce temps, battez les œufs avec le parmesan, salez, poivrez. Versez sur la pâte et prolongez la cuisson pendant 15 minutes. Démoulez les tartelettes, laissez-les tiédir.
Lavez et essorez la roquette. Mélangez le vinaigre et l'huile. Coupez les tomates confites en petits dés, ajoutez-les. Arrosez la salade de sauce. Disposez-la sur deux assiettes, déposez les tartelettes dessus.

TARTELETTES FINES AUX TOMATES

2 pers. Préparation : 5 min Cuisson : 15 min

½ fond de pâte feuilletée • 4 tomates allongées • 2 cuil. à soupe de moutarde mi-forte • 2 branches de thym • sel, poivre

Réalisation

Préchauffez le four à 210 °C (th. 7). Découpez dans la pâte feuilletée deux ronds à l'aide d'un verre ou d'une soucoupe. Coupez les tomates en tranches fines. Badigeonnez les fonds de pâte de moutarde, déposez dessus quelques tranches de tomate. Relevez les bords de la pâte et faites un petit bourrelet. Saupoudrez d'un peu de sel, de poivre et de thym. Enfournez et laissez cuire pendant 15 minutes. Dégustez chaud, tiède ou froid.

VERRINES DE THON À L'AVOCAT

2 pers. **Préparation : 10 min**

200 g de thon au naturel en boîte • 1 avocat • 1 citron • 1 pot de mascarpone • 2 branches d'aneth • ¼ de baguette de pain • sel, poivre, Tabasco

Réalisation

Pressez le citron. Partagez le mascarpone en deux parties. Effeuillez l'aneth, égouttez le thon. Mixez le thon avec l'aneth, la moitié du jus de citron et la moitié du mascarpone, du sel et du poivre. Déposez cette crème dans deux verrines. Prélevez la chair de l'avocat, mixez-la avec le reste de mascarpone et de jus de citron, du sel, du poivre et deux gouttes de Tabasco.

Déposez ce mélange dans les verrines. Coupez le quart de baguette en deux, faites-les griller et détaillez-les en mouillettes, plantez-les dans les verrines.

Coup de cœur pour cette entrée à préparer aussi avec du crabe.

CARESSE DE PETITS POIS À LA MENTHE

2 pers. Prép. : 10 min Cuisson : 5 min Réfrig. : 2 h

500 g de petits pois écossés • 50 cl de bouillon de volaille • 10 cl de crème liquide • 1 branche de menthe fraîche • sel, poivre

Réalisation

Versez le bouillon de volaille dans une grande casserole. Ajoutez les petits pois, faites-les cuire pendant 5 minutes. Égouttez-les en gardant leur eau de cuisson et passez-les sous l'eau très froide pour qu'ils gardent leur couleur verte.

Mixez-les avec la moitié de l'eau de cuisson, la crème, quelques feuilles de menthe, en prenant soin d'en garder pour décorer, un peu de sel et de poivre. Placez au réfrigérateur pendant 2 heures. Répartissez cette crème dans deux bols à potage, décorez de feuilles de menthe finement ciselées.

CARPACCIO DE MANGUES, CREVETTES RÔTIES

2 pers. **Préparation : 10 min Cuisson : 2 min**

1 belle mangue • 200 g de crevettes cuites décortiquées • 2 cuil. à soupe d'huile d'olive • 1 citron vert non traité • 4 pincées de piment d'Espelette • sel

Réalisation

Prélevez le zeste du citron vert, râpez-le finement, pressez le fruit. Versez le jus et le zeste de citron dans un bol, salez, ajoutez l'huile d'olive. Pelez la mangue, retirez le noyau, coupez la pulpe en tranches très fines.

Déposez-les sur deux assiettes. Réchauffez les crevettes à sec dans une poêle pendant 2 minutes en mélangeant, saupoudrez-les de piment d'Espelette, garnissez-en les assiettes, arrosez de sauce.

POISSONS ET CRUSTACÉS

CABILLAUD RÔTI AUX OIGNONS CARAMÉLISÉS

2 pers. **Préparation : 10 min Cuisson : 25 min**

2 pavés de cabillaud • 3 cm de gingembre frais • 10 petits oignons blancs • 20 cl de vin blanc sec • 1 cuil. à soupe de sucre • 30 g de beurre • sel, poivre

Réalisation

Préchauffez le four à 210 °C (th. 7). Salez et poivrez les pavés de poisson, déposez-les dans un plat à four, arrosez-les de vin blanc. Pelez et hachez le gingembre, parsemez-en le poisson. Mettez au four et laissez cuire pendant 15 minutes.

Pendant ce temps, pelez les oignons. Faites fondre le beurre dans une sauteuse, ajoutez les oignons, saupoudrez de sucre, salez, poivrez et laissez cuire en remuant pour qu'ils soient bien enrobés pendant 10 minutes. Déposez sur chaque assiette un pavé de cabillaud, entourez d'oignons et arrosez du jus de cuisson.

DAURADES AUX AGRUMES

2 pers. **Préparation : 10 min Cuisson : 30 min**

2 petites daurades portion vidées et écaillées • ½ orange non traitée • ½ citron non traité • 1 citron vert non traité • 1 gros oignon • 4 cuil. à soupe d'huile d'olive • 1 branche de thym • 1 branche de romarin • 4 feuilles de menthe • 4 pincées de cumin • sel, poivre

Réalisation

Préchauffez le four à 180 °C (th. 6). Pelez l'oignon, coupez-le en rondelles. Lavez et essuyez les fruits, coupez-les en rondelles également. Disposez ces rondelles dans un plat à four. Effeuillez le thym et le romarin dans un bol, ajoutez du sel et du poivre et mettez une cuillerée à café de ce mélange à l'intérieur des daurades. Déposez les poissons dans le plat, arrosez d'huile d'olive, parsemez du reste de mélange d'herbes. Enfournez et laissez cuire pendant 25 à 30 minutes.

À mi-cuisson, déposez sur les poissons une feuille d'aluminium afin qu'ils ne se dessèchent pas. Sortez du four, déposez un poisson sur chaque assiette, entourez de rondelles d'oignon et de fruits, nappez du jus de cuisson. Saupoudrez d'un peu de cumin et parsemez de feuilles de menthe finement ciselées.

Coup de cœur pour cette recette à préparer aussi avec de la lotte.

DAURADE EN CROÛTE DE SEL, HACHIS DE PIQUILLOS ET DE TOMATES CONFITES

2 pers. **Préparation : 10 min Cuisson : 20 min**

1 daurade de 600 g environ non écaillée • gros sel de mer • 4 piquillos • 4 tomates confites • poivre du moulin

Réalisation

Préchauffez le four à 240 °C (th. 8). Déposez une épaisse couche de sel de mer dans un plat à four. Couchez la daurade non écaillée sur le gros sel et recouvrez-la de gros sel. Enfournez et laissez cuire pendant 20 minutes.

Pendant ce temps, hachez au couteau les piquillos et les tomates confites, poivrez-les. Lorsque le poisson est cuit, cassez la croûte de sel, retirez la peau et les arêtes. Prélevez les filets, déposez-en deux par assiette et servez avec le hachis.

FILETS DE ROUGET À L'ORIENTALE

2 pers. **Préparation : 10 min** **Cuisson : 10 min**

6 ou 8 filets de rouget • 2 échalotes • 4 cm de gingembre • 6 cuil. à soupe d'huile d'arachide • 2 brins de romarin • sel, poivre

Réalisation

Préchauffez le four à 180 °C (th. 6). Pelez les échalotes et le gingembre, hachez-les grossièrement, mélangez avec quatre cuillerées à soupe d'huile, un peu de sel et de poivre. Déposez les filets de rouget dans un plat à four et étalez un peu de hachis sur chacun d'eux. Parsemez de brins de romarin. Enfournez et laissez cuire pendant 10 minutes. Servez chaud.

Coup de cœur pour ce plat délicat, à servir avec des courgettes et des tomates sautées.

LOTTE DES INDES

2 pers. **Préparation : 15 min Cuisson : 30 min**

400 g de queue de lotte • 1 oignon • 3 grosses tomates • 2 gousses d'ail • 10 cl de vin blanc • 1 cuil. à soupe de curry • 1 cuil. à soupe de farine • 2 cuil. à soupe d'huile d'olive • 1 branche de thym • sel, poivre

Réalisation

Pelez et hachez l'ail et l'oignon. Ébouillantez les tomates, pelez-les puis épépinez-les. Versez la farine dans une assiette creuse, ajoutez du sel et du poivre, mélangez. Coupez la lotte en morceaux, roulez-les dans la farine. Faites chauffer l'huile dans une sauteuse, faites revenir doucement l'ail et l'oignon pendant 2 minutes, puis ajoutez les morceaux de lotte. Laissez-les dorer en les retournant souvent, puis ajoutez les tomates, le thym effeuillé, le curry et le vin. Mélangez, couvrez et laissez cuire pendant 20 minutes à feu doux. Servez avec du riz.

NOIX DE SAINT-JACQUES AUX AMANDES

2 pers. **Préparation : 10 min Cuisson : 5 min**

8 noix de Saint-Jacques • 50 g d'amandes concassées • 50 g de beurre • 2 cuil. à soupe d'huile d'olive • 1 citron non traité • sel, poivre

Réalisation

Prélevez le zeste du citron, râpez-le et pressez le fruit. Faites fondre une noisette de beurre avec l'huile d'olive dans une poêle et faites cuire les noix de Saint-Jacques à feu doux pendant 5 minutes en les retournant régulièrement.

Faites fondre le reste de beurre dans une petite casserole, ajoutez le jus et le zeste de citron, salez, poivrez. Faites griller les amandes concassées pendant 2 minutes dans une poêle. Disposez quatre noix de Saint-Jacques par assiette, saupoudrez-les d'amandes concassées et entourez-les de sauce au citron.

Coup de cœur pour la délicatesse de ce plat. Composez à l'avance la sauce au citron, vous la ferez réchauffer pendant la cuisson des Saint-Jacques.

PAVÉS DE CABILLAUD RÔTIS, BEURRE AUX BAIES ROSES

2 pers. **Préparation : 15 min Cuisson : 15 min**

2 pavés de cabillaud • 2 cuil. à café de baies roses • 50 g de beurre • fleur de sel

Réalisation

Sortez le beurre à l'avance du réfrigérateur. Malaxez le beurre avec les baies roses. Placez-le entre deux feuilles d'aluminium, étalez-le avec un rouleau à pâtisserie et replacez-le au réfrigérateur.
Préchauffez le four à 210 °C (th. 7). Déposez les pavés de cabillaud dans un plat à four, enfournez et laissez cuire pendant 10 à 15 minutes selon l'épaisseur des morceaux. Déposez un pavé sur chaque assiette, saupoudrez de fleur de sel. Sortez le beurre du réfrigérateur, découpez deux cœurs à l'aide d'un emporte-pièce, déposez-les sur les assiettes.

PAVÉS DE LIEU JAUNE AUX POMMES DE TERRE ET ASPERGES

2 pers. **Préparation : 15 min Cuisson : 40 min**

2 pavés de lieu jaune • 6 petites pommes de terre • 6 asperges vertes • 1 gousse d'ail • ½ citron • 25 cl de bouillon de volaille • 30 g de beurre • 2 cuil. à soupe d'huile d'olive • 2 branches de persil plat • sel, poivre

Réalisation

Coupez le bout fibreux des asperges. Versez le bouillon dans une casserole, mettez les asperges et faites-les cuire pendant 10 minutes. Pelez les pommes de terre, lavez-les, essuyez-les, coupez-les en rondelles fines. Faites fondre le beurre dans une sauteuse, faites dorer les rondelles de pomme de terre avec la gousse d'ail non épluchée en les retournant souvent pendant 20 minutes. Salez, poivrez, puis ajoutez les asperges et un peu de bouillon. Mélangez délicatement et réservez au chaud.

Faites chauffer l'huile dans une sauteuse, mettez les pavés de lieu et laissez-les cuire pendant 5 à 8 minutes en les retournant à mi-cuisson. Disposez les pavés sur deux assiettes, entourez de légumes et parsemez de persil ciselé. Pressez le demi-citron, versez quelques gouttes de jus sur le poisson. Servez chaud.

PAVÉS DE SAUMON CARAMEL DE SOJA

2 pers. Préparation : 5 min Cuisson : 15 min

2 pavés de saumon • 4 cuil. à soupe de sauce de soja • 2 cuil. à soupe de miel • poivre

Réalisation

Faites pocher les pavés de saumon pendant 10 minutes dans de l'eau bouillante salée. Égouttez-les, déposez-les dans un plat à four. Faites fondre le miel avec la sauce de soja et un peu de poivre dans une petite casserole jusqu'à ce que le mélange devienne sirupeux. Badigeonnez les pavés de caramel de soja et passez sous le gril pendant quelques secondes. Servez chaud.

PENNE AUX NOIX DE PÉTONCLE

2 pers. Préparation : 5 min Cuisson : 15 min

150 g de penne • 300 g de noix de pétoncles décoquillées • 20 g de beurre • 10 cl de crème épaisse • 4 cl de vin blanc doux • 6 brins de ciboulette • sel, poivre

Réalisation

Faites cuire les penne dans de l'eau bouillante salée pendant 8 minutes. Pendant ce temps, faites revenir les noix de pétoncle dans le beurre pendant 5 minutes en mélangeant. Retirez-les. Déglacez la poêle avec le vin blanc doux, ajoutez la crème, salez, poivrez et laissez réduire pendant 2 minutes. Égouttez les pâtes, répartissez-les dans deux assiettes creuses, déposez dessus les noix de pétoncle, arrosez de sauce et parsemez de brins de ciboulette ciselés.

ROUGETS AUX BACON, TOMATES, CONCASSÉE D'OLIVES

2 pers. **Préparation : 10 min Cuisson : 25 min**

4 filets de rouget (selon la taille) • 400 g de tomates • 4 tranches de bacon • 4 feuilles de basilic • 1 gousse d'ail • 1 oignon • 12 olives noires dénoyautées • 2 cuil. à soupe d'huile d'olive • sel, poivre

Réalisation

Pelez les tomates après les avoir ébouillantées, épépinez-les et coupez-les en lamelles.

Épluchez et hachez l'ail et l'oignon. Faites chauffer une cuillerée d'huile d'olive dans une sauteuse, mettez les légumes, salez, poivrez et laissez cuire pendant 20 minutes en mélangeant souvent.

Pendant ce temps, hachez les olives au couteau. Mixez les tomates avec les feuilles de basilic, réservez au chaud. Faites dorer les tranches de bacon dans une poêle à revêtement antiadhésif pendant 2 minutes, réservez-les au chaud.

Faites cuire dans la même poêle les filets de rougets pendant 6 minutes en les retournant à mi-cuisson.

Déposez sur chaque assiette de la purée de tomates, deux tranches de bacon. Couchez dessus deux filets de rouget et parsemez de concassée d'olives.

SAINT-JACQUES AUX ASPERGES ET AU SÉSAME

2 pers. **Préparation : 10 min Cuisson : 10 min**

6 noix de Saint-Jacques • 6 à 8 asperges vertes • 4 cuil. à soupe de graines de sésame • 1 échalote • 1 cuil. à soupe de vinaigre de cidre • 2 cuil. à soupe d'huile d'arachide • 1 cuil. à soupe d'huile de sésame • sel, poivre

Réalisation

Coupez l'extrémité fibreuse des asperges. Faites-les cuire dans de l'eau bouillante salée pendant 5 à 8 minutes, puis égouttez-les et laissez-les refroidir. Pelez l'échalote et hachez-la finement. Mélangez dans un bol le vinaigre, les deux huiles, un peu de sel et de poivre, et l'échalote hachée.

Répartissez les asperges sur deux assiettes, arrosez-les de sauce. Faites griller les graines de sésame dans une poêle jusqu'à ce qu'elles blondissent et dégagent leur arôme. Faites cuire les noix de Saint-Jacques dans une poêle à revêtement antiadhésif pendant 1 minute de chaque côté, déposez-les sur les assiettes, saupoudrez de sésame grillé. Servez immédiatement.

Coup de cœur pour cette recette raffinée réalisable en toute saison grâce aux produits surgelés.

SALADE DE GAMBAS AUX HERBES

2 pers. **Préparation : 10 min Cuisson : 5 min**

10 gambas • 1 poignée de mesclun • 6 feuilles de basilic • 6 feuilles de menthe • 2 branches de coriandre • 1 échalote • 2 cm de gingembre • 1 citron vert • 2 cuil. à soupe de cacahuètes • 3 cuil. à soupe d'huile d'olive • 1 pointe de couteau de piment rouge en poudre • sel, poivre

Réalisation

Lavez et essorez le mesclun et les herbes, répartissez-les dans deux assiettes. Pressez le citron vert. Pelez l'échalote et le gingembre, hachez-les, mettez-les dans un bol, ajoutez le jus de citron, l'huile, du sel, du poivre et le piment.
Décortiquez les gambas, faites-les pocher pendant 5 minutes dans de l'eau bouillante salée. Égouttez-les et déposez-les sur les herbes. Arrosez de sauce.

Faites griller les cacahuètes à sec dans une poêle, concassez-les grossièrement et saupoudrez-en les assiettes.

TAGLIATELLES AU THON ET AUX PLEUROTES

2 pers. **Préparation : 10 min Cuisson : 15 min**

200 g de tagliatelles • 200 g de pleurotes • 200 g de thon au naturel • 20 g de beurre • 1 cuil. à café de vinaigre balsamique • 2 branches de persil plat • sel, poivre

Réalisation

Lavez très rapidement les champignons, essuyez-les soigneusement. Faites fondre le beurre dans une sauteuse, mettez les champignons, salez, poivrez et laissez-les cuire en mélangeant souvent pendant 10 minutes.

Pendant ce temps, faites cuire les tagliatelles à l'eau bouillante salée pendant 5 minutes. Ciselez le persil, effeuillez le thon.

Égouttez les tagliatelles, répartissez-les dans deux assiettes creuses, déposez dessus le thon, les pleurotes, parsemez de persil et arrosez d'un peu de vinaigre balsamique. Servez immédiatement.

TARTARE DE SAUMON

2 pers. **Préparation : 15 min**

300 g de saumon cru • 3 petits oignons • 3 cm de gingembre frais • 1 citron vert non traité • 3 cuil. à soupe de sauce de soja • 6 brins de ciboulette

Réalisation

Prélevez le zeste de la moitié du citron vert, râpez-le. Pelez et râpez le gingembre. Pressez le citron. Épluchez et hachez finement les oignons. Hachez au couteau le saumon. Mélangez tous les ingrédients dans une jatte.

Partagez le tartare en deux parties, moulez-les dans deux ramequins et démoulez sur deux assiettes. Parsemez de ciboulette ciselée.

Coup de cœur pour cette entrée fraîche. Mélangez le saumon et la sauce au dernier moment afin que le citron ne décolore pas le poisson.

SPAGHETTIS AUX GAMBAS, SAUCE À L'ORANGE

2 pers. **Préparation : 10 min Cuisson : 15 min**

150 g de spaghettis • 8 gambas • 2 cm de gingembre • 50 g de beurre • 10 cl de jus d'orange • sel, poivre

Réalisation

Faites bouillir de l'eau salée dans une grande casserole. Pelez et émincez le gingembre. Faites fondre le beurre dans une casserole, mettez les lamelles de gingembre, laissez-les revenir pendant 3 minutes, puis arrosez de jus d'orange, salez, poivrez et laissez réduire pendant 2 minutes. Réservez. Jetez les spaghettis dans l'eau bouillante, remuez jusqu'à la reprise de l'ébullition, et laissez cuire 5 à 8 minutes. Faites griller les gambas à sec dans une poêle à revêtement antiadhésif pendant 6 minutes en les retournant régulièrement. Égouttez à fond les spaghettis, répartissez-les dans deux assiettes creuses, arrosez-les de sauce et déposez dessus les gambas. Servez bien chaud.

VIANDES ET VOLAILLES

AGNEAU EN PANURE D'HERBES, SAUCE AUX OLIVES ET AUX CÂPRES

2 pers. **Préparation : 15 min Cuisson :10 min**

400 g de filet d'agneau • 1 cuil. à soupe de câpres • 1 cuil. à soupe d'olives vertes dénoyautées • 1 cuil. à soupe de moutarde forte • 2 branches de basilic • 2 branches de persil • 4 branches de coriandre • 2 cuil. à soupe de chapelure • 4 cuil. à soupe d'huile d'olive • sel, poivre

Réalisation

Coupez les olives en rondelles, mélangez-les avec les câpres dans un bol, arrosez-les d'une cuillerée à soupe d'huile d'olive. Effeuillez les herbes, hachez-les, mélangez-les à la chapelure avec du sel et du poivre. Détaillez le filet d'agneau en tranches, roulez-les successivement dans la moutarde puis dans la panure.

Faites chauffer le reste d'huile dans une grande poêle, faites cuire les tranches d'agneau pendant 10 minutes à feu doux en les retournant à mi-cuisson. Dressez les tranches d'agneau sur deux assiettes, servez avec la sauce.

BLANCS DE POULET AU CITRON

2 pers. **Préparation : 15 min Cuisson : 35 min**

300 g de blancs de poulet • 1 oignon • 2 citrons non traités • 2 gousses d'ail • 1 pincée de cannelle • 3 cm de gingembre • 2 cuil. à soupe d'huile d'olive • sel, poivre

Réalisation

Pelez et émincez l'ail, l'oignon et le gingembre. Coupez le poulet en cubes. Prélevez le zeste des citrons, râpez-le. Pressez les fruits.

Faites chauffer l'huile dans une cocotte, faites fondre l'ail et l'oignon avec le gingembre en mélangeant pendant 4 minutes, puis ajoutez les cubes de poulet, et arrosez de jus de citron. Salez, poivrez, ajoutez la cannelle, les zestes et 10 cl d'eau chaude. Mélangez bien, couvrez et laissez cuire à feu très doux pendant 30 minutes. Servez bien chaud.

BOUCHÉES DE VEAU À LA SAUGE

2 pers. **Préparation : 10 min Cuisson : 20 min**

4 petites escalopes de veau fines et larges • 4 tranches de jambon de Parme • 2 cuil. à soupe de sauge séchée • 2 cuil. à soupe d'huile d'olive • 10 cl de vin blanc sec • sel, poivre

Réalisation

Étalez les escalopes sur le plan de travail, poivrez-les, recouvrez-les avec les tranches de jambon, saupoudrez-les de sauge, roulez-les et maintenez-les avec une pique en bois.

Faites chauffer l'huile dans une poêle, faites dorer les bouchées sur toutes leurs faces pendant 5 minutes, salez, poivrez, couvrez et laissez cuire à feu doux pendant 15 minutes.

Retirez-les de la poêle, disposez-les sur un plat. Déglacez la poêle avec le vin blanc, faites bouillir en grattant avec une spatule en bois pour détacher les sucs de cuisson et versez sur la viande.

BOULETTES À LA CORIANDRE

2 pers. **Préparation : 15 min Cuisson : 10 min**

300 g de bœuf haché • 2 œufs • 1 petit oignon • 1 gousse d'ail • 1 cuil. à café de cumin en poudre • 15 cl de lait • 1 grosse tranche de pain de mie • 2 cuil. à soupe de farine • 4 branches de coriandre • 4 cuil. à soupe d'huile d'olive • sel, poivre

Réalisation

Versez le lait dans un bol, émiettez la tranche de pain de mie dans le lait. Pelez l'ail et l'oignon, hachez-les avec la coriandre. Mélangez dans une jatte le bœuf, un œuf, la mie de pain égouttée, le hachis, incorporez le cumin, du sel et du poivre. Façonnez des petites boulettes. Versez la farine dans une assiette creuse, battez l'œuf restant dans une autre assiette creuse. Passez les boulettes successivement dans la farine et dans l'œuf battu. Faites chauffer l'huile dans une grande poêle à revêtement antiadhésif, faites dorer les boulettes en remuant la poêle pour les retourner. Déposez les boulettes sur un papier absorbant avant de servir.

Coup de cœur pour ces boulettes parfumées à servir en plat avec une salade de tomates ou des carottes confites (recette page 100), ou encore froides à l'apéritif.

BROCHETTES DE FILET MIGNON, MIEL, OLIVES ET CITRON

2 pers. **Prép. : 10 min Marinade : 30 min Cuis. : 20 min**

1 petit filet mignon • 1 citron non traité • 1 cuil. à soupe de miel • 2 cuil. à soupe d'huile d'olive • 8 olives noires dénoyautées • 2 branches de thym • sel, poivre

Réalisation

Coupez le citron en deux. Pressez une moitié, mélangez le jus dans un plat avec le miel, le thym effeuillé et l'huile d'olive. Coupez le demi-citron restant en petits morceaux. Coupez le filet mignon en cubes. Enfilez sur des brochettes un cube de filet, un morceau de citron et une olive, renouvelez jusqu'à épuisement des ingrédients.

Mettez les brochettes dans un plat à feu, enrobez-les de marinade et laissez reposer pendant 30 minutes. Préchauffez le four à 210 °C (th. 7). Mettez le plat au four et laissez cuire pendant 20 minutes en retournant les brochettes de temps en temps.

CAILLES AMOUREUSES

2 pers. **Préparation : 15 min Cuisson : 30 min**

2 cailles • 2 tranches fines de lard fumé • 4 olives noires dénoyautées • 6 raisins secs • 2 noix • 2 carottes • 1 oignon • 1 poireau • 2 feuilles de laurier • 1 branche de thym • 8 cl de porto • 2 cuil. à soupe d'huile d'olive • sel, poivre

Réalisation

Versez le porto dans un bol, faites-y macérer les raisins secs. Pelez les carottes et l'oignon, émincez-les finement. Nettoyez le poireau et coupez-le en fine julienne. Égouttez les raisins, hachez-les grossièrement avec les olives et les noix, farcissez les cailles avec ce hachis. Enroulez-les d'une tranche de lard fumé.

Faites chauffer l'huile dans une cocotte, faites revenir les légumes émincés en mélangeant pendant 3 minutes, salez, poivrez, ajoutez le thym, le laurier, le porto de la marinade et les cailles. Couvrez et laissez cuire à feu très doux pendant 30 minutes. Laissez reposer les cailles à couvert pendant 5 minutes avant de les disposer sur les assiettes entourées de légumes.

CANARD SAUCE AIGRE-DOUCE PASSION

2 pers. **Prép. : 15 min Marinade : 30 min Cuis. : 10 min**

1 magret de canard • 3 cm de gingembre frais • 2 fruits de la passion • 2 cuil. à soupe de miel d'acacia • 4 cuil. à soupe de sauce de soja • 2 cuil. à soupe d'huile de sésame • sel, poivre

Réalisation

Ôtez la couche de graisse des magrets et découpez-les en tranches. Pelez et râpez le gingembre. Mélangez dans un bol la sauce de soja, l'huile de sésame, le gingembre râpé, du sel et du poivre. Placez les tranches de canard dans cette marinade et laissez au frais pendant 30 minutes. Égouttez les tranches de viande.

Préparez la sauce : ouvrez les fruits de la passion, mixez la pulpe avec une cuillerée à soupe d'eau. Filtrez pour retirer les graines. Versez le jus de fruit de la passion dans une petite casserole, ajoutez la marinade et le miel, portez à ébullition.

Faites cuire les tranches de canard dans une poêle à revêtement antiadhésif pendant 5 minutes en les retournant souvent. Répartissez-les sur deux assiettes, arrosez-les de sauce.

CARRÉ D'AGNEAU, CROÛTE DE PARMESAN

2 pers. **Préparation : 10 min Cuisson : 30 min**

1 carré d'agneau de 6 côtes • 1 branche de thym • 40 g de beurre • 1 gousse d'ail • 200 g de parmesan • 1 jaune d'œuf • sel, poivre

Réalisation

Préchauffez le four à 210 °C (th. 7). Pelez l'ail, écrasez-le, mélangez-le au beurre avec un peu de sel, de poivre et du thym. Déposez le carré d'agneau dans un plat à four, entourez-le de beurre aillé et enfournez. Laissez cuire pendant 10 minutes en arrosant souvent.

Mélangez le parmesan râpé avec le jaune d'œuf. Tartinez les côtes d'agneau avec cette pâte de parmesan. Enfournez à nouveau, augmentez la température du four à 240 °C (th. 8) et laissez dorer pendant 10 minutes.

COQUELET AU VINAIGRE

2 pers. **Préparation : 15 min Cuisson : 40 min**

1 beau coquelet coupé en deux • 2 cuil. à soupe d'huile d'arachide • 1 gousse d'ail • 1 cuil. à soupe de moutarde • 1 cuil. à soupe de vinaigre de vin • 4 cl de vin blanc sec • 1 cuil. à soupe de concentré de tomates • 20 g de beurre • 1 branche d'estragon • sel, poivre

Réalisation

Fouettez dans un bol la moutarde, le vinaigre, le concentré de tomates, le vin blanc, un peu de sel et de poivre. Pelez et écrasez l'ail. Faites chauffer l'huile dans une sauteuse, faites dorer les demi-coquelets avec l'ail. Versez le contenu du bol, baissez le feu, couvrez et laissez cuire doucement pendant 35 minutes.

Déposez les coquelets sur deux assiettes, gardez au chaud. Faites réduire la sauce de moitié à feu vif, incorporez le beurre en petits morceaux. Versez sur les demi-coquelets, parsemez de feuilles d'estragon ciselées.

COQUELETS EN CRAPAUDINE AU SEL PARFUMÉ, SAUCE MOUTARDE

2 pers. **Préparation : 10 min Cuisson : 40 min**

1 beau coquelet partagé en deux • 500 g de gros sel • 4 cuil. à soupe d'herbes de Provence • 2 cuil. à soupe de poivre concassé • 1 citron. **Sauce** : 2 cuil. à soupe de crème • 2 cuil. à soupe de moutarde à l'ancienne

Réalisation

Préchauffez le four à 180 °C (th. 6). Pressez le citron. Badigeonnez la peau du coquelet du jus de citron. Mélangez le gros sel avec les herbes et le poivre. Étalez le mélange dans un plat à four. Déposez dessus les demi-coquelets, côté peau vers vous. Enfournez et laissez cuire pendant 40 minutes.

Versez la crème et la moutarde dans une petite casserole, réchauffez-les doucement. Déposez les demi-coquelets sur deux assiettes, arrosez de sauce moutarde.

CROQUETTES DE VEAU AUX NOISETTES

2 pers. **Prép. : 15 min Attente : 2 h Cuisson : 10 min**

300 g de veau haché • 1 jaune d'œuf • 20 g de noisettes • 40 g de chapelure • 1 gousse d'ail • 2 branches de persil • 4 cuil. à soupe d'huile d'olive • sel, poivre

Réalisation

Hachez le persil et la gousse d'ail épluchée. Mélangez dans une jatte le veau haché avec le jaune d'œuf, le hachis de persil et d'ail, du sel et du poivre. Partagez la viande en quatre parts. Façonnez chaque part en petit boudin. Concassez finement les noisettes, mélangez-les à la chapelure dans une assiette creuse. Roulez les croquettes dans la chapelure aux noisettes à plusieurs reprises. Mettez-les sur un plat et laissez-les au frais pendant 2 heures.

Au moment du repas, faites chauffer l'huile dans une poêle et faites frire les croquettes en les retournant souvent pendant 10 minutes.

CUISSES DE LAPIN AU CURCUMA

2 pers. **Préparation : 10 min Cuisson : 40 min**

2 cuisses de lapin • 1 cuil. à soupe de moutarde forte • 1 cuil. à soupe de miel liquide • 1 cuil. à soupe de curcuma • 2 cuil. à soupe d'huile d'olive • sel, poivre

Réalisation

Mélangez dans un bol la moutarde, le miel et le curcuma avec l'huile d'olive et un peu de sel et de poivre. Badigeonnez les cuisses de lapin avec ce mélange, déposez-les dans un plat à four et faites cuire pendant 40 minutes.

Coup de cœur pour ce plat à accompagner de polenta ou de semoule.

DÉLICE D'AGNEAU À L'ORIENTALE

2 pers. **Préparation : 15 min Cuisson : 25 min**

400 g d'épaule d'agneau maigre coupée en morceaux • 3 cm de gingembre frais • 1 citron vert • 2 cuil. à soupe d'huile • 1 branche de menthe • 50 g de noix de cajou nature • sel, poivre

Réalisation

Faites chauffer l'huile dans une sauteuse et faites revenir les morceaux d'agneau pendant 20 minutes à feu vif en les retournant souvent. Salez, poivrez, mélangez, puis retirez la viande. Pressez le citron. Pelez et râpez le gingembre. Versez 5 cl d'eau dans la sauteuse, portez à ébullition, ajoutez le gingembre et remettez les morceaux d'agneau. Laissez mijoter pendant 5 minutes.

Pendant ce temps, faites griller les noix de cajou dans une poêle à revêtement antiadhésif et concassez-les. Ciselez les feuilles de menthe. Mettez la viande dans le plat de service, arrosez de sauce et de jus de citron vert, et saupoudrez de noix de cajou et de feuilles de menthe.

Coup de cœur : dégustez avec des nouilles chinoises sautées.

FILET DE BŒUF CROÛTE D'ÉPICES

2 pers. **Préparation : 10 min Cuisson : 8 min**

2 pavés de bœuf dans le filet • 1 cuil. à café de poivres mélangés • 4 pincées de cumin • 2 pincées de piment • ½ cuil. à café de graines de coriandre • ½ cuil. à café de sel de Guérande • 20 g de beurre • 1 cuil. à soupe d'huile d'olive

Réalisation

Concassez les poivres avec la coriandre et le sel, ajoutez le piment et le cumin, mélangez dans une assiette creuse. Badigeonnez les pavés de bœuf d'huile, puis enrobez-les de ce mélange en les retournant plusieurs fois.

Faites fondre le beurre dans une poêle, dès qu'il grésille, mettez les pavés et laissez-les cuire pendant 5 à 8 minutes en les retournant à mi-cuisson. Servez aussitôt.

Coup de cœur pour ces pavés à servir avec un peu de crème pour adoucir, des pommes de terre au laurier (recette page 106).

FILET MIGNON, JAMBON, FROMAGE À LA SAUGE

2 pers. **Préparation : 5 min Cuisson : 30 min**

1 petit filet mignon de porc • 4 tranches très fines de jambon cru • 50 g de gruyère râpé • 2 cuil. à soupe d'huile d'olive • 10 cl de vinaigre balsamique • 8 feuilles de sauge

Réalisation

Préchauffez le four à 210 °C (th. 7). Découpez le filet mignon en quatre tranches épaisses. Faites chauffer dans une cocotte l'huile d'olive dans une sauteuse. Faites dorer les tranches de filet à feu vif pendant 2 minutes en les retournant, puis baissez le feu, ajoutez les feuilles de sauge et laissez cuire pendant 15 minutes.

Déposez sur chaque tranche de jambon une tranche de filet, saupoudrez de gruyère râpé, enroulez et maintenez fermé avec une pique en bois. Remettez dans la sauteuse, prolongez la cuisson pendant 5 minutes.

Retirez la viande, disposez-la sur deux assiettes chaudes. Versez le vinaigre balsamique dans la sauteuse, faites réduire à feu vif pour obtenir une sauce sirupeuse et arrosez les tranches de filet.

GRENADINS DE VEAU, PESTO DE CORIANDRE AUX PISTACHES

2 pers. **Préparation : 5 min Cuisson : 15 min**

2 grenadins de veau • 40 g de beurre • 2 gousses d'ail • 2 cuil. à soupe de pistaches nature • 8 branches de coriandre • 4 cuil. à soupe d'huile d'olive • sel, poivre

Réalisation

Faites fondre le beurre dans une poêle, mettez les grenadins et faites-les cuire à feu moyen pendant 15 minutes en les retournant à mi-cuisson. Pendant ce temps, pelez les gousses d'ail, mixez-les avec les pistaches, les feuilles de coriandre, un peu de sel et de poivre et l'huile d'olive. Déposez les grenadins sur les assiettes, recouvrez-les de pesto.

LAPIN EN BARIGOULE

2 pers. **Préparation : 15 min Cuisson : 1 h**

2 découpes de lapin (cuisses ou râbles) • 4 petites pommes de terre • 2 petits artichauts violets • 1 oignon • 1 gousse d'ail • 1 branche de thym • 1 branche de romarin • 1 cuil. à café de fond de veau • 2 cuil. à soupe d'huile d'olive • sel, poivre

Réalisation

Coupez la tige et le bout des feuilles des artichauts, puis coupez-les en quatre. Pelez et hachez ail et oignon.

Faites chauffer l'huile dans une cocotte, mettez le hachis, faites-le revenir pendant 2 minutes, puis ajoutez les morceaux de lapin, laissez-les dorer en les retournant souvent, puis saupoudrez de fond de veau, arrosez de 30 cl d'eau, salez légèrement, poivrez, ajoutez les artichauts, le thym et le romarin. Couvrez et laissez cuire pendant 30 minutes.

Épluchez les pommes de terre, coupez-les en quartiers, ajoutez-les et poursuivez la cuisson pendant 30 minutes. Faites réduire la sauce si nécessaire. Servez bien chaud.

LAPIN, OLIVES ET LARDONS

2 pers. **Préparation : 15 min Cuisson :20 min**

2 belles cuisses de lapin désossées • 10 olives vertes dénoyautées • 2 branches de thym • 100 g d'allumettes de lard fumé • 2 cuil. à soupe de graisse de canard • poivre

Réalisation

Détaillez la chair de lapin en morceaux de la taille

d'un doigt. Rincez bien les olives, séchez-les, coupez-les en rondelles.
Faites chauffer la graisse de canard dans une sauteuse, mettez les morceaux de lapin, les lardons, les olives, saupoudrez de thym, poivrez mais ne salez pas.
Mélangez et laissez cuire à feu très doux pendant 20 minutes en mélangeant de temps en temps. Servez bien chaud dans des cassolettes.

Coup de cœur pour cette version moderne d'une recette de grand-mère.

PALETS DE BŒUF PANÉS AU PAIN D'ÉPICES

2 pers. **Prép. : 15 min Réfrig. : 2 h Cuisson : 10 min**

300 g de bœuf haché • ½ cuil. à café de piment d'Espelette • 1 œuf • 3 tranches de pain d'épices rassis • 3 cuil. à soupe d'huile d'olive • 30 g de beurre • sel, poivre

Réalisation

Mixez les tranches de pain d'épices pour obtenir une chapelure grossière. Mélangez le bœuf haché avec le piment, l'œuf entier, du sel et du poivre.

Partagez en deux parts égales et aplatissez pour former deux palets. Enrobez les palets de chapelure plusieurs fois de suite, posez-les sur un plat et laissez au frais pendant 2 heures.
Au moment du repas, faites chauffer l'huile et le beurre dans une poêle, déposez les palets, faites-les cuire à feu vif pour que la chapelure dore, puis baissez le feu afin de les cuire à cœur.

Coup de cœur pour la chapelure de pain d'épices qui change tout !

POITRINE DE PORC GRILLÉE AUX ÉPICES

2 pers. **Prép. : 10 min Marinade : 2 h Cuisson : 10 min**

6 tranches de poitrine de porc • 1 cuil. à soupe de miel liquide • 1 cuil. à soupe de sauce de soja • ½ cuil. à café de cumin • ½ cuil. à café de curry • ½ cuil. à café de cannelle • ½ cuil. à café de paprika • 3 cuil. à soupe d'huile d'olive • sel, poivre

Réalisation

Mélangez dans un plat creux le miel, la sauce de soja et toutes les épices, salez, poivrez. Déposez les tranches de poitrine dans le plat, retournez-les plu-

sieurs fois pour qu'elles soient bien enrobées et laissez mariner au frais pendant 2 heures.
Égouttez la viande, faites chauffer le gril ou la plancha et faites griller pendant 10 minutes en retournant les tranches régulièrement.

Coup de cœur pour cette recette économique à réaliser au barbecue en été. Vous pouvez utiliser la même marinade pour des travers de porc.

PORC AU MIEL ET AUX ÉPICES

2 pers. **Préparation : 15 min Cuisson : 16 min**

1 petit filet mignon • 2 petites tomates • 3 cm de gingembre • 1 gousse d'ail • 1 citron vert • 30 g de beurre • 2 cuil. à soupe d'huile d'olive • 2 cuil. à soupe de miel liquide • 1/2 cuil. à café de curry • 1 pointe de couteau de piment • sel, poivre

Réalisation

Pressez le citron vert. Pelez et râpez le gingembre. Pelez et hachez la gousse d'ail. Détaillez les tomates en rondelles fines. Coupez le filet mignon en tranches.
Faites chauffer l'huile d'olive avec le beurre dans une grande poêle, faites dorer les tranches de viande

pendant 10 minutes en les retournant. Ajoutez les rondelles de tomate, le hachis, le jus de citron, le curry, le piment, salez, poivrez. Poursuivez la cuisson pendant 5 minutes. Ajoutez le miel, laissez caraméliser pendant 1 minute. Répartissez sur deux assiettes et servez bien chaud.

POULET EXPRESS AU CURRY

2 pers. **Préparation : 10 min Cuisson : 30 min**

2 escalopes de poulet de 150 g chacune • 1 oignon • 1 gousse d'ail • 1 briquette de lait de coco • 1 cuil. à soupe de curry en poudre • 2 cuil. à soupe d'huile d'olive • 4 branches de coriandre • sel, poivre

Réalisation

Pelez l'oignon et l'ail, hachez-les. Émincez les escalopes de poulet. Faites chauffer l'huile dans une poêle, faites dorer les lanières de poulet pendant 2 minutes en les retournant, ajoutez le hachis d'ail et d'oignon, saupoudrez de curry, salez, poivrez et arrosez de lait de coco.

Mélangez, couvrez et laissez cuire pendant 25 minutes. Versez dans deux assiettes, et parsemez de feuilles de coriandre ciselées.

POULET LAQUÉ

2 pers. **Prép. : 10 min Marinade : 1 h Cuis. : 1 h**

2 blancs de poulet • 3 cuil. à soupe de miel liquide • 6 cuil. à soupe de sauce de soja • ½ citron

Réalisation

Mélangez dans un plat creux le miel et la sauce de soja. Enrobez les blancs de poulet en les retournant plusieurs fois et laissez mariner pendant 1 heure. Préchauffez le four à 150 °C (th. 5). Pressez le citron. Déposez la viande dans un plat à four, enfournez et faites cuire pendant 1 heure en arrosant de temps en temps avec le jus de citron.

POULET PAQUET AU THYM

2 pers. **Préparation : 10 min Cuisson : 15 min**

2 hauts de cuisse de poulet • 2 tranches de jambon cru • 2 branches de thym • 2 cuil. à soupe d'huile d'olive • sel, poivre

Réalisation

Préchauffez le four à 210 °C (th. 7). Désossez les hauts de cuisse de poulet avec un petit couteau pointu. Salez-les et poivrez-les. Enveloppez-les dans la tranche de jambon, déposez un brin de thym sur chaque petit paquet et déposez-les dans un plat à four. Arrosez chacun d'une cuillerée d'huile d'olive et mettez au four. Laissez cuire pendant 15 minutes.

SOURIS D'AGNEAU AU FENOUIL

2 pers. **Préparation : 15 min Cuisson : 1 h 10 min**

2 souris d'agneau • 2 petits bulbes de fenouil • 4 pommes de terre • 1 gousse d'ail • 2 cuil. à soupe de miel • 1 cuil. à café de fond de veau • 2 pincées de paprika • 2 pincées de cumin • 2 pincées de safran • 4 cuil. à soupe d'huile d'olive • sel, poivre

Réalisation

Pelez les pommes de terre et coupez-les en quartiers. Émincez les fenouils. Pelez la gousse d'ail. Faites chauffer l'huile dans une cocotte, faites dorer les souris d'agneau sur toutes leurs faces pendant 5 minutes, ajoutez les pommes de terre et le fenouil, salez, poivrez, saupoudrez de paprika, de cumin et de safran. Délayez le fond de veau dans 25 cl d'eau, versez dans la cocotte. Mélangez, couvrez et laissez cuire à feu doux pendant 1 heure.

Ajoutez le miel, mélangez et poursuivez la cuisson pendant 5 minutes. Déposez une souris par assiette, entourez-les de légumes et arrosez de sauce.

TARTARE THAÏ JUSTE SAISI

2 pers. Préparation : 10 min Cuisson : 2 min

300 g de bœuf haché • 1 échalote • 1 gousse d'ail • 1 branche de basilic • 4 branches de coriandre • 2 branches de citronnelle • 3 cm de gingembre frais • 1 cuil. à café de cumin • 1 cuil. à café de coriandre moulue • 2 cuil. à soupe d'huile d'olive • sel, poivre

Réalisation

Pelez l'ail, l'échalote et le gingembre, hachez-les avec les feuilles de basilic et de coriandre et les branches de citronnelle. Mélangez la viande avec ce hachis, salez, poivrez, ajoutez le cumin et la coriandre moulue.

Séparez la viande en deux parties, façonnez deux palets, aplatissez-les. Faites chauffer l'huile dans une poêle à revêtement antiadhésif, faites cuire les tartares pendant 1 minute de chaque côté et déposez-les sur deux assiettes.

TOURNEDOS AU POIVRE

2 pers. **Préparation : 5 min Cuisson : 10 min**

2 tournedos dans le filet • 3 cuil. à soupe de poivre concassé • 30 g de beurre • 2 cuil. à soupe de cognac • 25 cl de crème • sel

Réalisation

Versez le poivre dans une assiette creuse, enrobez les tournedos de poivre sur les deux faces en appuyant bien. Faites fondre le beurre dans une poêle, faites cuire les tournedos à feu vif pendant 5 à 8 minutes selon le degré de cuisson désiré, arrosez de cognac et flambez. Retirez les tournedos de la poêle, ajoutez la crème, salez et donnez un bouillon. Remettez les tournedos pour les réchauffer pendant 1 minute. Servez immédiatement.

WOK D'AIGUILLETTES DE CANARD

2 pers. **Préparation : 15 min Cuisson : 10 min**

300 g d'aiguillettes de canard • 1 poivron rouge • 1 petit oignon • 1 gousse d'ail • 3 cm de gingembre • 1 petit piment • 1 citron vert • 1 tige de citronnelle • 1 cuil. à café de sucre • 2 cuil. à soupe de nuoc-mâm • 3 cuil. à soupe d'huile d'olive • 4 branches de coriandre

Réalisation

Pressez le citron vert, versez le jus dans une assiette creuse, placez les aiguillettes de canard dans le jus de citron. Réservez. Pelez le poivron avec un couteau économe, épépinez-le et coupez la chair en lanières fines. Épépinez le piment, coupez-le en fines rondelles. Pelez l'ail, l'oignon et le gingembre, hachez-les avec la citronnelle.

Faites chauffer l'huile dans un wok, mettez les lanières de poivron, le hachis, les rondelles de piment et laissez cuire pendant 4 minutes en remuant sans cesse.

Retirez et mettez les aiguillettes de canard. Saisissez-les pendant 3 minutes en les retournant souvent, remettez les légumes, saupoudrez de sucre, arrosez de nuoc-mâm, mélangez rapidement pendant 1 minute. Versez dans un plat, parsemez de feuilles de coriandre ciselées.

LÉGUMES

AUBERGINES AU CURRY

2 pers. **Préparation : 15 min Cuisson : 40 min**

4 petites aubergines • 1 gousse d'ail • 1 oignon • 2 cm de gingembre frais • 1 tomate • 1 cuil. à café de cumin en poudre • 1 cuil. à café de curry en poudre • 1 yaourt nature • 4 cuil. à soupe d'huile d'olive • 4 branches de coriandre • sel, poivre

Réalisation

Préchauffez le four à 210 °C (th. 7). Lavez et essuyez les aubergines, coupez-les en tranches dans le sens de la longueur et disposez-les dans un plat à four. Arrosez-les de deux cuillerées d'huile d'olive, enfournez-les et laissez-les cuire pendant 25 minutes. Elles doivent être fondantes.

Pelez l'ail, l'oignon et le gingembre, hachez-les. Pelez et épépinez la tomate, coupez-la en dés. Faites chauffer le reste d'huile d'olive dans une sauteuse, faites revenir le hachis et les dés de tomate, arrosez de yaourt, saupoudrez de cumin et de curry, salez, poivrez, mélangez et laissez cuire pendant 5 minutes. Ajoutez les aubergines cuites, prolongez la cuisson de 5 minutes. Versez sur un plat et parsemez de feuilles de coriandre ciselées.

Coup de cœur pour ce plat exotique à déguster avec du poulet ou de l'agneau grillé.

CAROTTES CONFITES À L'ORANGE ET À LA CORIANDRE

2 pers. **Préparation : 10 min Cuisson : 15 min**

400 g de carottes nouvelles • 1 orange • 6 branches de coriandre • 40 g de beurre • sel, poivre

Réalisation

Pelez les carottes, coupez-les en rondelles. Pressez l'orange. Faites fondre le beurre dans une sauteuse, faites revenir les carottes à feu doux, puis arrosez-les de jus d'orange, salez, poivrez et laissez cuire très doucement pendant 15 minutes.

Arrêtez la cuisson lorsque les carottes sont tendres et la sauce sirupeuse. Mettez les carottes dans deux coupelles. Hachez la coriandre, parsemez-en les carottes.

CŒURS DE POLENTA AU THYM

2 pers. **Préparation : 10 min Cuisson : 15 min**

100 g de polenta précuite • 25 cl de crème fleurette • 40 g de beurre • 2 brins de thym • sel, poivre

Réalisation

Tapissez un plat rectangulaire de papier d'aluminium. Versez la crème dans une casserole, portez-la à ébullition et jetez la polenta en pluie, salez, poivrez, ajoutez le thym effeuillé. Laissez cuire pendant 5 minutes sans cesser de mélanger. Dès que la polenta est cuite, versez-la dans le plat, égalisez avec une spatule et laissez refroidir.

Démoulez la polenta, découpez-la en forme de cœurs avec un emporte-pièce. Faites fondre le beurre dans une grande poêle et faites dorer les cœurs de polenta pendant 5 minutes de chaque côté.

COURGETTES SAUTÉES AUX PIGNONS

2 pers. **Préparation : 10 min Cuisson : 10 min**

4 petites courgettes fermes • 4 branches de persil plat • 2 cuil. à soupe d'huile d'olive • 2 cuil. à soupe de pignons • fleur de sel, poivre du moulin

Réalisation

Lavez et essuyez les courgettes, coupez-les en dés. Faites chauffer l'huile dans une sauteuse, mettez les dés de courgette, et faites-les cuire pendant 10 minutes en mélangeant souvent.

Faites griller à sec les pignons dans une poêle. Ciselez le persil finement. Répartissez les courgettes sur deux assiettes, saupoudrez de fleur de sel, de poivre, de pignons et de persil.

MILLE-FEUILLES DE RATTES AUX CHAMPIGNONS

2 pers. **Préparation : 15 min Cuisson : 25 min**

400 g de pommes de terre rattes • 1 tomate • 1 échalote • 200 g de champignons • 40 g de beurre • 10 cl de vin blanc sec • 2 branches de persil • sel, poivre

Réalisation

Pelez l'échalote et hachez-la. Pelez et épépinez la tomate, coupez la pulpe en dés. Lavez et séchez les champignons, hachez-les. Dans une sauteuse, faites suer l'échalote, arrosez de vin blanc, laissez réduire, puis ajoutez les champignons et les tomates, salez, poivrez. Laissez cuire pendant 10 minutes.

Coupez les pommes de terre en tranches. Faites fondre le beurre dans une poêle et faites cuire les tranches de pomme de terre pendant 15 minutes en les retournant souvent.

Montez les mille-feuilles sur deux assiettes : disposez une grande rondelle de pomme de terre, mettez dessus une cuillerée de hachis de champignon, recouvrez d'une tranche de pomme de terre. Continuez jusqu'à épuisement des ingrédients. Parsemez de feuilles de persil ciselées.

PATATAS BRAVAS

2 pers. Préparation : 20 min Cuisson : 40 min

300 g de pommes de terre • 4 cuil. à soupe d'huile d'olive.
Sauce : 2 tomates • 1 oignon • 1 tranche de pain de campagne • 1 gousse d'ail • 2 cuil. à soupe d'huile d'olive • 1 cuil. à café de vinaigre blanc • 6 amandes • 6 noisettes • 4 pincées de paprika • 2 pincées de piment de Cayenne • sel

Réalisation

Pelez et épépinez les tomates. Faites griller le pain. Pelez et hachez l'ail. Faites griller à sec dans une poêle les noisettes et les amandes. Pelez les oignons. Mixez les tomates, l'oignon, l'ail, le piment de Cayenne, le paprika, le pain grillé, les amandes, les noisettes, le vinaigre et l'huile. Salez et réservez au frais.

Épluchez les pommes de terre, coupez-les en cubes. Lavez-les et essuyez-les. Faites frire les pommes de terre dans l'huile d'olive jusqu'à ce qu'elles soient dorées, puis égouttez-les sur un papier absorbant. Servez avec la sauce tomate épicée.

Coup de cœur pour ce plat servi en tapas à Barcelone, en Espagne.

POIVRONS ROUGES GRILLÉS MARINÉS

2 pers. **Prép. : 10-15 min Cuis. : 45 min Mar. : 30 min**

2 poivrons rouges • 1 gousse d'ail • 2 branches de thym • 2 cuil. à soupe d'huile d'olive • 2 cuil. à soupe de sauce de soja • 1 cuil. à café de vinaigre de vin vieux

Réalisation

Faites griller les poivrons pendant 40 minutes en les retournant régulièrement pour que leur peau noircisse uniformément. Enfermez-les ensuite dans un sac en plastique pendant 15 minutes, puis pelez-les et épépinez-les. Coupez la pulpe en fines lanières. Pelez et écrasez la gousse d'ail.

Mélangez dans un plat creux l'huile, l'ail, le thym effeuillé, la sauce de soja et le vinaigre. Mettez les lanières de poivron dans le plat, mélangez pour qu'ils soient enrobés de sauce et laissez mariner pendant 30 minutes avant de déguster.

POMMES DE TERRE AU LAURIER

2 pers. **Préparation : 5 min Cuisson : 45 min**

4 pommes de terre de même taille • 4 feuilles de laurier • 4 cuil. à soupe d'huile d'olive • sel, poivre

Réalisation

Préchauffez le four à 210 °C (th. 7). Coupez les pommes de terre en deux dans le sens de la longueur. Faites une incision au centre de la pulpe et introduisez une demi-feuille de laurier. Salez, poivrez, arrosez d'un peu d'huile d'olive. Déposez les demi-pommes de terre sur la plaque du four et faites cuire pendant 45 minutes. Dégustez chaud ou tiède.

PURÉE DE CÉLERI

2 pers. **Préparation : 15 min Cuisson : 45 min**

300 g de céleri rave • 2 pommes de terre • 25 cl de crème • sel, poivre

Réalisation

Pelez le céleri et les pommes de terre, coupez-les en dés. Mettez les légumes dans une casserole, recouvrez-les d'eau, salez, poivrez et portez à ébullition.

Baissez le feu et laissez cuire pendant 45 minutes. Égouttez-les, mixez-les et mettez la purée obtenue dans la casserole. Ajoutez la crème en fouettant, vérifiez l'assaisonnement. Servez chaud.

RIZ OTTOMAN

2 pers. **Préparation : 10 min Cuisson : 10 min**

120 g de riz basmati • 1 cuil. à soupe de pignons • 1 cuil. à soupe de raisins de Corinthe • 6 pincées de cannelle • 2 cuil. à soupe d'huile d'olive • sel, poivre

Réalisation

Mettez les raisins dans un bol, recouvrez-les d'eau chaude et laissez-les gonfler pendant 5 minutes. Faites cuire le riz pendant 10 minutes dans de l'eau bouillante salée. Égouttez-le, mettez-le dans un plat, ajoutez l'huile d'olive, les raisins égouttés, un peu de poivre et la cannelle. Faites griller les pignons à sec dans une poêle, parsemez-en le riz. Servez bien chaud.

ROSACES DE POMMES DE TERRE

2 pers. **Préparation : 5 min Cuisson : 15 min**

2 grosses pommes de terre • 2 cuil. à soupe de graisse de canard • sel

Réalisation

Pelez les pommes de terre, lavez-les, séchez-les et coupez-les en rondelles très fines. Graissez généreusement deux poêles à blinis avec la graisse de canard, faites chauffer et déposez les tranches de pomme de terre en rosace en les faisant se chevaucher. Faites cuire à feu moyen en secouant les poêles de temps en temps pour que les pommes de terre n'attachent pas. Retournez au bout de 10 minutes et laissez dorer sur l'autre face pendant 5 minutes. Salez avant de déposer sur les assiettes.

DESSERTS ET GOURMANDISES

AMOUR DE CRÈME À LA ROSE

2 pers. **Préparation : 10 min Cuisson : 3 min**

40 cl de lait • 2 cuil. à soupe de fécule de maïs • 1 cuil. à soupe d'eau de rose • 30 g de sucre • 2 pétales de rose cristallisés

Réalisation

Délayez la fécule avec le lait dans une casserole et portez à ébullition. Prolongez la cuisson jusqu'à ce que le mélange épaississe. Retirez du feu, ajoutez le sucre et l'eau de rose. Mélangez bien et versez dans deux coupes. Placez au frais jusqu'au moment de servir. Déposez un pétale de rose sur chaque coupe.

ANANAS CARAMEL D'ÉPICES

2 pers. **Préparation : 5 min Cuisson : 15 min**

600 g de rondelles d'ananas au sirop • 30 g de cassonade • 1 cl de jus d'ananas • 1 gousse de vanille • 10 grains de poivre • 1 étoile de badiane

Réalisation

Versez la cassonade dans une casserole, mouillez avec deux cuillerées à soupe d'eau et portez à ébullition jusqu'à obtention d'un caramel blond. Arrosez de jus d'ananas, ajoutez les épices et les graines logées au centre du bâton de vanille et portez à nouveau à ébullition. Ajoutez enfin les rondelles d'ananas et leur sirop. Laissez cuire à feu très doux pendant 10 minutes. Répartissez les tranches d'ananas sur deux assiettes, nappez de caramel. Dégustez tiède.

BAISERS AUX DEUX CHOCOLATS

2 pers. **Prép. : 15 min Cuis. : 15 min Réfrigération : 1 h**

50 g de chocolat noir • 50 g de chocolat blanc • 60 g de beurre + 10 g pour la plaque • 60 g de sucre • 100 g de farine • 1 œuf • sucre glace

Réalisation

Faites fondre les deux chocolats séparément au micro-ondes ou au bain-marie. Laissez-les refroidir. Fouettez le beurre et le sucre dans une jatte jusqu'à ce que le mélange blanchisse, puis incorporez l'œuf et la farine.

Séparez la pâte en deux parties. Ajoutez l'une au chocolat blanc fondu, et l'autre au chocolat noir fondu. Pétrissez les pâtes, roulez-les en boule, recouvrez-les d'un film alimentaire et laissez-les reposer pendant 1 heure au frais.

Préchauffez le four à 180 °C (th. 6). Recouvrez la plaque du four de papier sulfurisé, beurrez-le. Prélevez un peu de pâte avec une petite cuillère, façonnez des boules, déposez-les sur la plaque. Enfournez et laissez cuire pendant 10 à 15 minutes. Saupoudrez les biscuits de sucre glace et laissez-les refroidir avant de déguster.

BANANES EN ROBE

2 pers. **Préparation : 5 min Cuisson : 15 min**

4 bananes mûres • 4 cuil. à soupe de cassonade • 1 cuil. à soupe de cannelle en poudre

Réalisation

Préchauffez le four à 210 °C (th. 7). Lavez et essuyez les bananes. Recouvrez la plaque du four de papier sulfurisé et déposez les bananes dessus.

Enfournez et laissez cuire pendant 15 minutes. Pendant ce temps, mélangez la cassonade et la cannelle, versez dans une coupelle. Disposez deux bananes par assiette, servez avec la coupelle de sucre parfumé.

CAPPUCCINO AU CHOCOLAT, GRANITÉ DE CAFÉ

2 pers. **Prép. : 10 min Congélation : 2 h Cuis. : 5 min**

Granité : 25 cl de café expresso • 30 g de sucre. **Cappuccino** : 150 g de chocolat noir • 12 cl de lait • 20 cl de crème liquide • 1 sachet de sucre vanillé

Réalisation

Placez la crème liquide au réfrigérateur plusieurs heures à l'avance. Sucrez le café, laissez-le refroidir, versez-le dans un bac et placez-le au congélateur pendant 2 heures en le grattant à la fourchette toutes les 30 minutes afin de former des paillettes.

Coupez le chocolat en petits morceaux. Faites chauffer le lait jusqu'à ébullition, ajoutez le chocolat coupé et laissez-le fondre à feu doux en fouettant pour obtenir une crème mousseuse.

Fouettez la crème liquide en chantilly au batteur électrique en ajoutant le sucre vanillé.

Versez la crème au chocolat dans deux assiettes creuses, déposez dessus une grosse cuillerée de chantilly et un peu de granité. Servez immédiatement.

Coup de cœur pour le contraste chaud et froid. Confectionnez à l'avance la chantilly, le granité et le chocolat au lait et faites l'assemblage au moment de servir.

CHAUSSONS POMMES NOISETTES

2 pers. **Préparation : 15 min Cuisson : 40 min**

1 rouleau de pâte feuilletée • 2 pommes • 10 g de sucre • 1 sachet de sucre vanillé • 40 g de noisettes concassées • 1 jaune d'œuf

Réalisation

Épluchez les pommes, coupez-les en petits morceaux, mettez-les dans une casserole avec deux cuillerées à soupe d'eau et faites-les cuire à feu très doux pendant 20 minutes, puis écrasez-les à la fourchette. Ajoutez le sucre, le sucre vanillé et les noisettes, mélangez bien.

Préchauffez le four à 180 °C (th. 6). Coupez le rond de pâte en quatre parties égales. Déposez un peu de purée de pommes au centre de chaque triangle et repliez la pâte de façon à former un paquet. Battez le jaune d'œuf dans un petit bol, badigeonnez les chaussons d'œuf avec un pinceau. Recouvrez la plaque du four de papier sulfurisé, déposez les chaussons dessus et faites cuire pendant 25 minutes. Laissez refroidir.

Coup de cœur pour ces chaussons délicieux à préparer la veille et à déguster en tête à tête au petit déjeuner.

CŒUR AU CHOCOLAT ET AUX CERISES

2 pers. Préparation : 15 min Cuisson : 35 min

100 g de chocolat dessert • 30 g de beurre + 10 g pour le moule • 30 g de farine • ½ sachet de levure chimique • 1 œuf • 50 g de sucre • 8 cerises confites • sel

Réalisation

Préchauffez le four à 210 °C (th. 7). Beurrez un moule en forme de cœur. Faites fondre le beurre et le chocolat au micro-ondes ou au bain-marie. Mélangez dans un saladier la farine, la levure et une pincée de sel. Dans un autre récipient, fouettez l'œuf avec le sucre jusqu'à ce que le mélange mousse, blanchisse et augmente de volume. Incorporez alors le chocolat, puis la farine mélangée à la levure. Ajoutez les cerises confites. Versez la préparation dans le moule et faites cuire pendant 25 minutes. Laissez tiédir avant de démouler.

Coup de cœur : accompagnez d'une petite sauce anglaise parfumée au kirsch.

CŒUR AUX AMANDES

2 pers. **Préparation : 30 min Cuisson : 20 min**

Biscuit : 3 œufs • 100 g de sucre en poudre • 1 sachet de sucre vanillé • 150 g de farine • ½ sachet de levure chimique • sel.
Sirop : 2 cuil. à soupe de kirsch • 1 cuil. à soupe de sucre.
Garniture : 120 g de beurre très fin • 120 g de sucre glace • 20 cl de crème fraîche • 100 g de poudre d'amandes • 1 goutte d'extrait d'amande amère • 4 cuil. à soupe d'amandes effilées

Réalisation

Sortez le beurre à l'avance du réfrigérateur pour qu'il soit facile à travailler. Préchauffez le four à 210 °C (th. 7). Beurrez un moule en forme de cœur. Cassez les œufs en séparant les blancs des jaunes. Fouettez dans une jatte les jaunes avec les deux sucres jusqu'à ce que le mélange blanchisse, puis

incorporez la farine et la levure. Battez les blancs d'œufs en neige avec une pincée de sel, puis ajoutez-les délicatement à la préparation.
Versez la pâte dans le moule, enfournez et laissez cuire pendant 20 minutes. Pendant ce temps, préparez la garniture en mélangeant le beurre mou, le sucre glace et la crème fraîche, la poudre d'amandes et l'extrait d'amande. Placez-la au réfrigérateur. Préparez le sirop en délayant le sucre et le kirsch dans 10 cl d'eau. Sortez le biscuit du four, démoulez-le et laissez-le refroidir sur une grille.
Quand il est froid, coupez-le en deux dans le sens de l'épaisseur, arrosez les deux parties de sirop sans les détremper. Tartinez généreusement la première découpe de crème, recouvrez-la avec la seconde découpe et nappez tout le gâteau de crème. Faites griller les amandes effilées à sec dans une poêle et recouvrez-en le gâteau.

CŒUR CITRON

2 pers. **Préparation : 15 min Cuisson : 30 min**

50 g de farine • 50 g de sucre • 30 g de beurre + 10 g pour le moule • 1 œuf • ½ sachet de levure • 1 citron non traité • 50 cl de lait • 3 cuil. à soupe de sucre glace • sel

Réalisation

Préchauffez le four à 180 °C (th. 6). Beurrez un moule en forme de cœur. Faites fondre le beurre sans le laisser colorer. Mélangez la farine, le sucre, une pincée de sel et la levure. Faites un puits, versez le beurre, l'œuf et le lait. Mélangez au fouet pour obtenir une pâte homogène.

Râpez le zeste du citron, pressez le fruit. Incorporez le zeste à la pâte ainsi que trois cuillerées à soupe de jus de citron. Mélangez, versez dans le moule. Enfournez et laissez cuire pendant 30 minutes. Démoulez, laissez refroidir sur une grille, et saupoudrez de sucre glace.

CŒURS DE BROWNIES, CRÈME AU CAFÉ ET À L'ORANGE

2 pers. **Préparation : 15 min Cuisson : 20 min**

60 g de beurre + 20 g pour le moule • 60 g de chocolat noir • 60 g de sucre • 50 g de farine • 1 œuf • 30 g de noix de pécan. **Crème** : 10 cl de crème liquide • 2 gouttes d'extrait de café • 4 écorces d'orange confites • 1 cuil. à café de sucre

Réalisation

Placez la crème au réfrigérateur plusieurs heures à l'avance. Préchauffez le four à 180 °C (th. 6). Beurrez des moules individuels en forme de cœur. Faites fondre à feu très doux le reste de beurre avec le chocolat dans une casserole. Hors du feu, ajoutez le sucre, puis l'œuf puis la farine en mélangeant bien après chaque opération. Concassez grossièrement les noix de pécan avec les doigts et ajoutez-les à la pâte. Versez la pâte dans les moules et faites cuire pendant 10 minutes. Démoulez et laissez refroidir sur une grille. Sortez la crème et fouettez-la au batteur électrique en incorporant le sucre et l'extrait de café. Coupez les écorces d'orange confites en petits morceaux, ajoutez-les à la chantilly. Nappez les brownies avec cette crème.

CŒUR FONDANT AUX MARRONS

2 pers. **Préparation : 15 min Cuisson : 45 min**

150 g de crème de marrons • 40 g de beurre + 10 g pour le moule • 1 œuf • 1 cuil. à soupe de farine • 1 cuil. à café de rhum • sel

Réalisation

Préchauffez le four à 180 °C (th. 6). Beurrez un moule en forme de cœur. Faites fondre le beurre dans une casserole. Cassez l'œuf en séparant le blanc du jaune. Mélangez le beurre fondu et la crème de marrons. Ajoutez le jaune d'œuf, la farine et le rhum. Battez le blanc d'œuf en neige ferme avec une pincée de sel, incorporez-le délicatement à la préparation.

Versez la pâte dans le moule, enfournez et laissez cuire pendant 40 minutes. Laissez refroidir, démoulez sur un plat. Garnissez de sucre glace ou de brisures de marron glacé.

CŒURS À LA BANANE ET AUX NOIX

2 pers. **Préparation : 15 min Cuisson : 30 min**

2 bananes mûres • 50 g de cerneaux de noix • 2 œufs • 100 g de sucre • 100 g de farine • 100 g de beurre + 10 g pour les moules • sel

Réalisation

Préchauffez le four à 180 °C (th. 6). Beurrez quatre moules individuels en forme de cœur. Faites fondre une noisette de beurre dans une poêle. Pelez les bananes, coupez-les en rondelles, mettez-les dans la poêle, saupoudrez-les d'un peu de sucre et faites-les cuire pendant 10 minutes en mélangeant. Faites fondre le reste de beurre dans une casserole.

Dans une jatte, mélangez les œufs entiers battus avec le sucre jusqu'à ce que le mélange blanchisse, puis incorporez la farine, le beurre fondu, une pincée de sel, les bananes et les noix. Mélangez bien et versez dans les moules. Enfournez et laissez cuire pendant 20 minutes. Démoulez et laissez refroidir sur une grille.

CŒURS CROQUANTS AU GINGEMBRE ET AUX AMANDES

2 pers. **Préparation : 15 min Cuisson : 35 min**

125 g de farine • 110 g de sucre • 50 g d'amandes entières • 1 œuf • 60 g de beurre • 80 g de gingembre confit • sel

Réalisation

Préchauffez le four à 180 °C (th. 6). Faites fondre le beurre. Concassez grossièrement les amandes. Coupez le gingembre en petits morceaux. Mélangez dans une terrine la farine, le sucre, les amandes et une pincée de sel. Ajoutez le beurre fondu et l'œuf battu. Incorporez enfin les dés de gingembre confit. Tapissez un moule carré de papier sulfurisé, versez la préparation et faites cuire pendant 30 à 35 minutes. Démoulez et placez sur un plan de travail. Découpez avec un emporte-pièce en forme de cœur et laissez refroidir sur une grille.

CŒURS DE MADELEINE AU CACAO

2 pers. **Préparation : 15 min Cuisson : 10 min**

70 g de farine • 30 g de sucre • 2 œufs • 5 ml de miel liquide • 1 cuil. à soupe de cacao non sucré • 70 g de beurre • 10 g de levure chimique • sel

Réalisation

Sortez le beurre à l'avance du réfrigérateur afin qu'il soit facile à travailler. Préchauffez le four à 180 °C (th. 6). Fouettez les œufs, puis ajoutez le sucre, une pincée de sel et le miel. Lorsque le mélange est homogène, incorporez la farine, le cacao et la levure, puis enfin le beurre ramolli.

Garnissez une plaque de moules à madeleines en forme de cœurs avec la préparation. Enfournez et laissez cuire pendant 10 minutes. Démoulez et laissez refroidir.

Coup de cœur : dégustez avec une glace à la vanille, au café, à la pistache.

CŒURS DE NOUGATINE, GLACE VANILLE

2 pers. **Préparation : 15 min Cuisson : 15 min**

½ litre de glace à la vanille • 150 g de sucre • 1 cuil. à soupe de jus de citron • 50 g d'amandes effilées • 1 cuil. à soupe d'huile neutre

Réalisation

Tapissez une plaque à four de papier sulfurisé huilé. Versez le jus de citron dans une casserole, ajoutez le sucre, mettez sur feu vif et mélangez jusqu'à ce que le sucre soit fondu. Baissez le feu et laissez blondir sans cesser de mélanger. Ajoutez alors les amandes, mélangez et retirez du feu.

Versez sur la plaque, étalez rapidement et laissez tiédir. Découpez dans la nougatine encore malléable des cœurs avec un emporte-pièce. Laissez-les refroidir sur une grille. Déposez un peu de glace dans des coupelles, décorez de cœurs en nougatine.

DÉLICE DE LA PASSION

2 pers. **Préparation : 20 min Cuisson : 12 min**

2 œufs • 60 g de farine • 4 cuil. à soupe de sucre • 10 g de beurre • sel. **Coulis** : 10 cl de jus de fruit de la passion • 2 fruits de la passion • 1 cuil. à café de Maïzena • 1 cuil. à soupe de sucre

Réalisation

Préchauffez le four à 210 °C (th. 7). Recouvrez la plaque du four de papier sulfurisé, beurrez-le et farinez-le. Cassez les œufs en séparant les blancs des jaunes. Fouettez les jaunes avec le sucre jusqu'à ce que le mélange blanchisse. Battez les blancs d'œufs en neige avec une pincée de sel. Incorporez à la pâte la farine, mélangez bien, puis ajoutez très délicatement les blancs. Versez la pâte sur la plaque du four, égalisez avec une spatule et enfournez. Laissez cuire pendant 7 minutes.

Surveillez la cuisson, pour que le gâteau soit légèrement doré. Humidifiez un torchon propre, étalez-le sur le plan de travail et démoulez le gâteau dessus. Retirez le papier sulfurisé. Roulez le gâteau dans le torchon et laissez refroidir.

Pendant ce temps, mélangez dans une casserole le jus de fruit de la passion avec le sucre, la Maïzena et une cuillerée à soupe d'eau. Laissez cuire pendant 5 minutes en mélangeant jusqu'à ce que le coulis soit onctueux. Ouvrez les fruits de la passion, retirez la pulpe, mélangez-la au coulis. Déroulez le gâteau, tartinez-le avec un tiers du coulis et enroulez-le à nouveau. Étalez le reste de coulis sur le gâteau. Servez à température ambiante.

DUO CAFÉ CHOCOLAT

2 pers. **Préparation : 15 min Cuisson : 30 min**

60 g de chocolat noir • 50 g de beurre • 30 g de sucre • 2 œufs • 2 cl de café noir très fort. **Sauce** : 20 g de chocolat noir • 1 cuil. à café de café soluble

Réalisation

Préchauffez le four à 180 °C (th. 6). Beurrez un moule à manqué. Cassez le chocolat en petits morceaux, faites-le fondre dans le café au bain-marie ou au micro-ondes. Incorporez le beurre coupé en petits morceaux, mélangez pour le faire fondre.

Cassez les œufs en séparant les blancs des jaunes. Fouettez les jaunes avec le sucre jusqu'à ce que le

mélange blanchisse. Ajoutez le chocolat fondu, mélangez. Battez les blancs en neige ferme avec une pincée de sel, incorporez-les délicatement au mélange. Versez dans le moule et faites cuire pendant 30 minutes.
Pendant ce temps, préparez la sauce : faites fondre le chocolat avec le café soluble et deux cuillerées à soupe d'eau. Sortez le gâteau du four, laissez-le tiédir, démoulez-le et recouvrez-le de sauce chocolat-café.

FIGUES RÔTIES AUX ÉPICES

2 pers. **Préparation : 5 min Cuisson : 15 min**

6 figues • 60 g de sucre • 1 sachet de sucre vanillé • 1 cuil. à café de cannelle en poudre • 30 g de pistaches décortiquées, nature • 50 g de beurre

Réalisation

Préchauffez le four à 240 °C (th. 8). Lavez et essuyez délicatement les figues, coupez-les en quartiers. Rangez-les dans deux petits plats individuels. Saupoudrez-les de sucre, de cannelle et de sucre vanillé. Coupez le beurre en petits morceaux, mettez-les sur les fruits. Enfournez et laissez cuire pendant 15 minutes. Concassez les pistaches, parsemez-en les plats au moment de servir.

GRATIN DE FRAMBOISES AUX AMANDES

2 pers. **Préparation : 10 min Cuisson : 5 min**

150 g de framboises • 50 g d'amandes en poudre • 30 g d'amandes effilées • 30 g de beurre • 50 g de sucre • 1 jaune d'œuf • 1 cuil. à soupe de crème liquide • 1 cuil. à café de fécule

Réalisation

Sortez le beurre à l'avance du réfrigérateur afin qu'il soit facile à travailler. Étalez les framboises dans deux petits plats à gratin. Fouettez le beurre avec le sucre, la poudre d'amandes, le jaune d'œuf, la fécule et la crème liquide. Étalez sur les framboises.

Faites dorer sous le gril pendant 3 minutes, saupoudrez d'amandes effilées et repassez sous le gril pendant 2 minutes. laissez tiédir avant de servir.

Coup de cœur : pour les framboises surgelées qui conviennent très bien pour ce dessert.

MOUSSE DE BANANE AU GINGEMBRE

2 pers. **Préparation : 10 min Cuisson : 15 min**

4 bananes • 3 cm de gingembre frais • 60 g de sucre • 1 citron vert non traité • 200 g de fromage blanc

Réalisation

Prélevez le zeste du citron, pressez le fruit. Pelez et râpez le gingembre. Versez 15 cl d'eau dans une casserole, ajoutez le sucre, le zeste et le jus de citron, le gingembre, et portez à ébullition. Pelez les bananes, coupez-les en rondelles et mettez-les dans le sirop.

Faites cuire pendant 10 minutes puis laissez refroidir. Égouttez les bananes, mixez-les avec le fromage blanc et deux cuillerées à soupe de sirop. Versez dans deux coupes et placez au frais jusqu'au moment de servir.

MOUSSES CHOCOLAT COCO

2 pers. **Préparation : 10 min Cuisson : 3 min**

80 g de chocolat noir • 2 œufs • 30 g de noix de coco râpée + 10 g pour le décor • 20 g de sucre

Réalisation

Faites fondre le chocolat au micro-ondes ou au bain-marie. Cassez les œufs en séparant les blancs des jaunes. Incorporez les jaunes au chocolat fondu. Fouettez les blancs en neige avec une pincée de sel, en ajoutant peu à peu le sucre et la noix de coco, incorporez-les délicatement au chocolat. Répartissez la mousse dans deux verrines et placez au réfrigérateur. Saupoudrez d'un peu de noix de coco râpée avant de servir.

MUFFINS AUX FLOCONS D'AVOINE

2 pers. (10 muffins) Prép. : 10 min Cuisson :15 min

50 g de farine complète • 50 g de flocons d'avoine • 50 g de cassonade • 1 œuf • 1 pomme • 5 cl d'huile neutre • ½ sachet de levure • ½ sachet de sucre vanillé • sel

Réalisation

Préchauffez le four à 180 °C (th. 6). Mélangez dans une jatte la farine, la cassonade, les flocons d'avoine, la levure, le sucre vanillé et une pincée de sel. Battez l'œuf avec l'huile, incorporez-les. Pelez et râpez la pomme, ajoutez-la.

Versez dans des moules à muffins et faites cuire pendant 15 minutes. Démoulez et laissez refroidir sur une grille.

Coup de cœur pour ces petits gâteaux à déguster au petit déjeuner ou en pause gourmande l'après-midi.

PETITES POMMES D'AMOUR

2 pers. **Prép. : 10 min Cuisson : 5 min Attente : 15 min**

2 pommes rouges • 1 citron • 150 g de sucre • 4 gouttes de colorant alimentaire rouge

Réalisation

Pressez le citron, versez le jus dans un bol. Épluchez les pommes et prélevez des boules de pulpe avec une cuillère parisienne. Mettez-les dans le jus de citron pendant quelques secondes pour qu'elles ne noircissent pas et piquez-les sur des bâtonnets en bois. Laissez-les égoutter sur un papier absorbant. Faites fondre le sucre avec le colorant dans 10 cl d'eau, laissez cuire pendant 5 minutes. Plongez les petites billes de pomme dans le sirop de sucre coloré, laissez-les sécher sur du papier sulfurisé, puis renouvelez l'opération. Laissez sécher à nouveau pendant au moins 10 minutes.

Coup de cœur : regroupez plusieurs pommes d'amour dans une verrine.

PETITS FLANS COCO

2 pers. **Préparation : 10 min Cuisson : 50 min**

20 cl de lait de coco • 6 cl de crème liquide • 3 jaunes d'œufs • 25 g de sucre • 2 cuil. à soupe de noix de coco râpée

Réalisation

Préchauffez le four à 150 °C (th. 5). Faites chauffer le lait de coco et la crème liquide jusqu'à ébullition, puis retirez du feu. Fouettez les jaunes d'œufs avec le sucre jusqu'à ce que le mélange blanchisse. Incorporez peu à peu le lait et la crème sans cesser de fouetter.

Versez dans deux ramequins et faites cuire pendant 45 minutes. Démoulez sur deux petites assiettes et saupoudrez de noix de coco râpée.

POIRES, MOUSSE DE CHÈVRE ET NOIX

2 pers. **Préparation : 10 min Cuisson : 15 min**

2 poires Comice • 100 g de chèvre bûche • 100 g de sucre • 2 brins de thym • 6 grains de poivre • 2 éclats d'anis étoilé • 2 cuil. à soupe d'huile de noix • 4 cerneaux de noix • sel, poivre

Réalisation

Délayez le sucre avec 50 cl d'eau dans une casserole, ajoutez le thym, l'anis, le poivre et portez à ébullition. Coupez les poires en deux, pelez-les, ôtez le trognon. Faites-les pocher dans le sirop pendant 15 minutes et laissez-les refroidir dans le sirop. Pendant ce temps, écroûtez le fromage, mixez-le avec l'huile de noix, un peu de sel et de poivre. Disposez deux demi-poires dans deux assiettes, face coupée vers vous. Recouvrez-les de mousse de chèvre et décorez de cerneaux de noix. Servez à température ambiante.

PUITS D'AMOUR

2 pers. Préparation : 30 min Cuisson : 40 min

Pâte à choux : 75 g de farine • 2 œufs • 40 g de beurre • sel.
Crème pâtissière : 2 jaunes d'œufs • 2 cuil. à soupe de farine • 30 g de sucre • 25 cl de lait • 2 gouttes d'extrait de vanille.
Caramel : 50 g de sucre en morceaux

Réalisation

Préparez les choux : versez 12 cl d'eau dans une casserole, ajoutez le beurre et une pincée de sel. Faites bouillir. Retirez du feu et jetez la farine en une seule fois. Remuez énergiquement avec une spatule en bois. Remettez sur feu doux sans cesser de remuer ; la pâte doit se détacher des bords de la casserole. Retirez du feu. Ajoutez les œufs entiers l'un après l'autre en mélangeant bien.

Préchauffez le four à 180 °C (th. 6). Recouvrez la plaque du four d'un papier sulfurisé. Déposez des noix de pâte à l'aide de deux cuillères à soupe ou d'une poche à douille. Faites cuire 30 minutes en surveillant la couleur. Les choux doivent être bien gonflés et dorés. Laissez-les refroidir. Coupez les choux aux deux tiers de leur hauteur.

Préparez la crème : mélangez dans une terrine les jaunes d'œufs avec la farine et le sucre, délayez avec le lait, ajoutez l'extrait de vanille, puis versez dans une casserole et faites chauffer jusqu'à épaississement. Retirez du feu et laissez refroidir. Garnissez les choux de crème, remettez les chapeaux.

Préparez le caramel : mettez les morceaux de sucre dans une casserole, mouillez avec deux cuillerées à soupe d'eau et laissez cuire jusqu'à ce que le caramel blondisse. Retirez du feu et badigeonnez-en les chapeaux des choux.

LA FLÈCHE DE CUPIDON

2 pers. **Préparation : 10 min Cuisson : 5 min**

100 g de chocolat noir • 15 g de beurre • 15 g de sucre glace • 1 œuf

Réalisation

Préchauffez le four à 240 °C (th. 8). Beurrez deux moules en forme de cœur. Cassez le chocolat en petits morceaux, faites-le fondre au bain-marie ou au micro-ondes. Incorporez le beurre, mélangez jusqu'à ce qu'il soit fondu. Cassez l'œuf en séparant le blanc du jaune. Ajoutez le jaune au chocolat ainsi que le sucre, mélangez bien. Fouettez le blanc en neige ferme, ajoutez-le délicatement à la préparation. Versez la pâte dans les moules et enfournez. Laissez cuire pendant 5 minutes en surveillant le dessus du gâteau. S'il brûle, recouvrez-le d'une feuille d'aluminium.

Coup de cœur pour ce gâteau ultrarapide à faire. Confectionnez la pâte à l'avance et faites cuire le gâteau au dernier moment.

RÊVE DE CUPIDON

2 pers. **Préparation : 10 min**

15 cl de café fort • 4 cl de whisky irlandais • 2 boules de glace vanille • 2 pincées de cassonade • 50 g de chocolat

Réalisation

Versez le café dans deux tasses, sucrez avec la cassonade, arrosez de whisky et mélangez. Faites des copeaux dans le chocolat avec un couteau économe. Déposez une boule de glace vanille dans chaque tasse et décorez de copeaux de chocolat. Servez immédiatement.

Coup de cœur pour ce café à siroter amoureusement en fin de soirée. Peut aussi se préparer avec du café décaféiné.

SOUFFLÉS AU CHOCOLAT CHANTILLY À LA CANNELLE

2 pers. **Préparation : 10 min Cuisson : 15 min**

130 g de chocolat extra dry • 3 œufs • 25 g de beurre • 10 cl de crème liquide • 75 g de sucre • 2 cuil. à soupe de cacao non sucré • 1 cuil. à soupe de cannelle en poudre • sel

Réalisation

Placez la crème liquide au réfrigérateur plusieurs heures à l'avance. Fouettez la crème liquide au batteur électrique en ajoutant la cannelle pour obtenir une chantilly ferme. Réservez au réfrigérateur dans une coupe. Cassez le chocolat en petits morceaux et faites-le fondre au bain-marie ou au micro-ondes. Cassez les œufs en séparant les blancs des jaunes. Fouettez les jaunes avec le sucre jusqu'à ce que le mélange blanchisse, puis incorporez-les au chocolat fondu.

Préchauffez le four à 210 °C (th. 7). Beurrez deux ramequins. Battez les blancs en neige ferme avec une pincée de sel, ajoutez-les très délicatement au mélange. Versez dans les ramequins et faites cuire pendant 10 minutes. Saupoudrez de cacao non sucré et servez avec la chantilly.

Coup de cœur pour l'alliance du froid et du chaud. Préparez les soufflés la veille, conservez-les au réfrigérateur et sortez-les avant de les faire cuire.

SOUPE DE FRAISES AU GINGEMBRE, VERMICELLE DE CHOCOLAT

2 pers. **Préparation : 10 min Cuisson : 15 min**

400 g de fraises mara des bois • 4 cm de gingembre frais • 50 cl de sirop de sucre de canne • 1 cuil. à soupe de vermicelle au chocolat

Réalisation

Lavez les fraises, laissez-les égoutter quelques minutes puis équeutez-les, et coupez-les en deux ou quatre si elles sont grosses. Pelez le gingembre, coupez-le en bâtonnets. Versez le sirop de sucre dans une casserole, ajoutez les bâtonnets de gingembre et laissez cuire à petit feu pendant 10 minutes. Laissez refroidir.

Répartissez les fraises et les bâtonnets de gingembre dans deux coupes, arrosez-les de sirop de sucre et saupoudrez-les de vermicelle au chocolat.

TARTELETTES CARAMEL ET FRUITS SECS

2 pers. **Prép. : 15 min Cuis. : 15 min Réfrigération : 2 h**

Pâte : 70 g de farine • 50 g de sucre glace • 1 jaune d'œuf • 50 g de beurre • 30 g de poudre d'amandes. **Garniture** : 100 g de sucre • 8 cl de crème • 2 cuil. à café de miel • 150 g de noix, noisettes, amandes • 10 g de beurre

Réalisation

Mélangez dans un saladier la farine, le sucre glace, le jaune d'œuf, la poudre d'amandes et le beurre jusqu'à ce que la pâte soit lisse. Roulez-la en boule, recouvrez-la d'un film alimentaire et laissez-la reposer au frais pendant 2 heures.

Préchauffez le four à 180 °C (th. 6). Beurrez quatre moules à tarte individuels. Étalez la pâte, découpez quatre ronds à l'aide d'un verre retourné. Garnissez-en les moules. Recouvrez la pâte de papier sulfurisé et de billes de cuisson et faites cuire pendant 12 à 15 minutes, puis retirez les billes et le papier et pro-

longez la cuisson pendant 4 minutes environ en surveillant la couleur de la pâte.
Faites griller les fruits secs dans une poêle pendant 1 minute. Versez le sucre dans une casserole, mouillez-le avec deux cuillerées à soupe d'eau et portez à ébullition. Dès que le caramel commence à blondir, versez la crème, le miel et retirez du feu. Incorporez les fruits secs. Mélangez bien et répartissez sur les fonds de pâte. Laissez refroidir le caramel avant de servir.

TERRINE DE CHOCOLAT

2 pers. **Prép. : 10 min Cuis. : 3 min Réfrigération : 3 h**

125 g de spéculoos • 200 g de chocolat noir • 40 g de beurre • 10 cl de crème

Réalisation

Écrasez les biscuits grossièrement. Cassez le chocolat en petits morceaux. Versez le beurre et la crème dans une casserole, faites chauffer et ajoutez le chocolat. Laissez fondre à feu doux en mélangeant. Tapissez un petit moule de papier sulfurisé, versez la préparation dedans, égalisez avec une spatule et mettez au frais pendant au moins 3 heures.

TIRAMISU AUX FRAMBOISES

2 pers. **Préparation : 15 min Réfrigération : 1 h**

300 g de framboises • 100 g de mascarpone • 40 g de sucre • 2 œufs • 1 cuil. à soupe de sucre glace • sel. **Coulis** : 170 g de framboises • 30 g de sucre

Réalisation

Préparez le coulis en mixant les framboises avec le sucre. Passez à la passoire fine si vous désirez éliminer les graines. Réservez au frais.

Cassez les œufs en séparant les blancs des jaunes. Fouettez le mascarpone avec le sucre et les jaunes d'œufs. Fouettez les blancs en neige avec une pincée de sel, incorporez-les délicatement à la mousse de mascarpone. Mettez au frais.

Déposez la moitié des framboises au fond de deux verres, recouvrez de mousse de mascarpone et décorez avec les framboises restantes. Saupoudrez d'un nuage de sucre glace et servez avec le coulis.

Coup de cœur pour ce dessert bien frais, à préparer avec des framboises surgelées hors saison.

CARPACCIO DE MANGUE À LA VANILLE

2 pers. **Préparation : 20 min**

1 belle mangue mûre • ½ orange non traitée • 1 gousse de vanille • 2 cuil. à soupe de cassonade • quelques feuilles de menthe fraîche • poivre noir concassé

Réalisation

Épluchez la mangue, coupez-la en fines rondelles. Répartissez-les harmonieusement sur deux assiettes à dessert et réservez au frais. Prélevez le zeste de la demi-orange, râpez-le finement, pressez le fruit. Ouvrez la gousse de vanille en deux dans sa longueur, retirez les graines avec la pointe d'un couteau, mettez-les dans un bol, ajoutez le jus et le zeste d'orange, la cassonade et un peu de poivre concassé. Mélangez bien, versez sur les assiettes et décorez de feuilles de menthe ciselées. Servez très frais.

COMPOTE DE POMMES ET D'ORANGE AUX ÉPICES

2 pers. **Préparation : 15 min Cuisson : 30 min**

200 g de pommes • ½ orange • 1 cuil. à soupe de raisins secs • 1 bâton de cannelle • 1 clou de girofle • 1 gousse de cardamome

Réalisation

Épluchez la demi-orange, détachez les quartiers. Pelez les pommes, coupez-les en morceaux. Faites griller la cannelle, le clou de girofle et les graines de cardamome à sec dans une sauteuse à revêtement antiadhésif. Ôtez les graines contenues dans la gousse de cardamome. Ajoutez les quartiers d'orange ainsi que les morceaux de pomme et les raisins secs. Couvrez et laissez cuire pendant 30 minutes en remuant de temps en temps et en surveillant pour que les fruits n'attachent pas. Ajoutez un peu d'eau si nécessaire. Servez chaud, tiède ou froid.

Coup de cœur pour accompagner cette compote de spéculoos.

CRUMBLES DE POIRES AU PAIN D'ÉPICES

2 pers. **Préparation : 10 min Cuisson : 20 min**

2 poires • 2 cuil. à soupe de cassonade • 30 g de beurre • 4 tranches de pain d'épices

Réalisation

Préchauffez le four à 180 °C (th. 6). Pelez les poires, coupez-les en lamelles, mettez-les dans deux petits ramequins. Émiettez les tranches de pain d'épices, malaxez les miettes avec le beurre et la cassonade, et parsemez-en les poires. Faites cuire pendant 20 minutes environ. Laissez tiédir avant de déguster.

Coup de cœur pour ce dessert rapidement prêt, à réaliser aussi avec des figues fraîches.

FONDUE DE FRUITS ET DE BRIOCHE AU CHOCOLAT

2 pers. **Prép. : 10 min Cuis. : 5 min + 20 sec/bouchée**

2 tranches d'ananas au sirop • 1 banane • 1 poire • 2 kiwis • 2 tranches de brioche • 200 g de chocolat noir • 30 cl de crème liquide • 30 g de beurre • quelques gouttes de jus de citron

Réalisation

Épluchez la banane, coupez-la en larges rondelles, épluchez la poire, détaillez-la en morceaux, citronnez les morceaux de poire et les rondelles de banane pour qu'ils ne noircissent pas. Pelez les kiwis, coupez-les en cubes. Coupez la tranche d'ananas en morceaux. Répartissez les fruits dans deux coupes. Découpez les tranches de brioche en carrés, déposez-les dans une assiette. Versez la crème liquide dans un caquelon, portez-la à ébullition, puis hors du feu ajoutez le chocolat coupé en morceaux. Quand il est fondu, incorporez le beurre fractionné en mélangeant.

Apportez le caquelon sur la table. Piquez un morceau de fruit et ou de brioche avec la fourchette à fondue et trempez-le dans le chocolat.

Coup de cœur : vous pouvez varier les fruits en fonction de la saison et du marché : fraises lavées et équeutées, mandarines en quartiers…

SALADE D'ORANGES À L'ORIENTALE

2 pers. **Préparation : 15 min Réfrigération : 2 h**

4 petites oranges sanguines • 2 cuil. à café d'eau de fleur d'oranger • 2 pincées de cannelle • 2 cuil. à soupe de sucre

Réalisation

Pelez les oranges et coupez-les en tranches fines. Mettez-les dans un saladier. Arrosez d'eau de fleur d'oranger et saupoudrez de sucre et de cannelle. Mélangez délicatement et placez au frais pendant 2 heures. Servez bien frais.

SOUFFLÉS GLACÉS AU CACAO

2 pers. Préparation : 15 min Congélation : 3 h

200 g de fromage blanc • 30 g de cacao non sucré + 2 cuil. à café pour le décor • 2 blancs d'œufs • 3 cuil. à soupe de sucre • sel

Réalisation

Fouettez le fromage blanc et le cacao. Montez les blancs d'œufs en neige ferme avec une pincée de sel et le sucre, puis incorporez-les délicatement au fromage blanc cacaoté.

Entourez le bord de deux petits moules à soufflé d'une bande de papier sulfurisé en le laissant dépasser de 3 cm. Versez la préparation dans les moules et placez au congélateur pendant 3 heures. Retirez les moules du congélateur, retirez soigneusement la bande de papier et saupoudrez le dessus de cacao.

VACHERINS CHOCOLAT NOISETTE

2 pers. **Préparation : 10 min**

2 meringues nature du boulanger • 4 boules de glace au chocolat noir • 4 cuil. à soupe de noisettes

Réalisation

Faites griller les noisettes à sec dans une poêle à revêtement antiadhésif, puis concassez-les grossièrement. Écrasez les meringues. Placez dans deux verres une couche de meringue écrasée, un peu de glace au chocolat, un peu de noisettes et continuez à remplir les verres en terminant par des noisettes. Servez glacé.

Coup de cœur pour cette recette rapide, à préparer aussi avec de la glace au café, à la vanille ou aux marrons.

INDEX DES RECETTES

Mise en bouche

Entrées

Poissons et crustacés

Viandes et volailles

Légumes

Desserts et gourmandises